Rolf Friedrich Schuett

Die meisten Aufrechten sind unter Gefallenen

Dumme Sprüche und alte Spiele

ROLF FRIEDRICH SCHUETT

Die meisten Aufrechten sind unter Gefallenen

Dumme Sprüche und alte Spiele

Books on Demand

Bibliographische Information Der Deutschen Bibliothek:
Die Deutsche Bibliothek verzeichnet diese Publikation in
der Deutschen Nationalbibliographie; detaillierte
bibliographische Daten sind im Internet abrufbar über
http://dnb.ddb.de

Copyright © 2015 Rolf Friedrich Schuett

Herstellung und Verlag :
BoD – Books on Demand, Norderstedt

Gedruckt auf alterungsbeständigem Papier
(holz- und säurefrei)

Umschlaggestaltung : E. L. Schmidt

Printed in Germany

ISBN 978-3-7386-2491-5

INHALT

7	Aphorismen : Rätselhafte Zwerg-Satiren
81	MU, macht die Haikuh
89	Eindrücke unbekannter Leser
95	Die Blutspende *(Gastspiel)*
129	Philosophischer Gehalt in literarischer Gestalt
142	Philosophische Grundbibliothek

„Gute Gedanken lassen sich so wenig verwirklichen wie Musik!"   „ ... wie der gelehrte griechische Sklave einst seine römischen Herren beschämt hat."

(Robert Musil : „Der Mann ohne Eigenschaften")

Für Rita und Maike

Aphorismen : Rätselhafte Zwerg-Satiren

Kränkelnde Arbeitstiere halten den ganzen Betrieb auf, reibungslos funktionierende sind geisteskrank.

Wieviel Macht springt dabei raus : Wie viele Menschen kann man für sich springen lassen, auch über die Klinge?

Man bereut auch Denkfehler, die man nie gemacht hat.

Klarste Kunst (sonder Brunst) macht schönsten Dunst.

Das *Licht der Vernunft* ward finsterstes Mittelalter :
Einst war man blind, jetzt ist man ge- und verblendet.

Das Finsterste an der Aufklärung ist, dass sie sich zu Tode gesiegt hat.

Was seinen Gedanken überlebt, war gar keiner.

Dummheiten zu machen, macht nicht wieder jung, doch
Gescheites zu sagen, noch nicht alt und gescheitert.

Glücklich werden kannst du mit jedem,
von dem du nichts (mehr) wissen willst.

Arbeitstiere sind die zahmsten Haustiere der Menschenzüchter.

Lieben wie dich selbst kannst du nur, was dich leiden macht.

Erkenne ich mich selbst, bin ich ein anderer; bin ich ich selbst, erkenne ich einen anderen : Selbstbewusstsein und Selbsterkenntnis und Selbstsein sind Gegensätze.

Darwin lehrte den Krieg der Unarten und das Überleben der Kriecherischsten.

Man stiehlt einander am Tage den Besitz
und nach Feierabend die Zeit.

Wer sich nützlich macht, ist entsetzlich ersetzbar.

Wir haben unsere Letztsterbepflicht
für ein Jüngstes Gericht verkauft.

Am glücklichsten sind jene,
die alles Vertrauensselige beargwöhnen.

Der Aufgeklärte hält Glaubwürdiges für falsch
und Unbeweisbares für unwiderleglich.

Das Schicksal straft uns mit (unseren) Freuden
und vernichtet uns mit unseren Tugenden.

Können Dichter besser denken, als Denker dichten?

Wo im Streit von Körper und Geist der Klügere nachgibt,
droht Sünde.

Nichts ist unpraktischer, als stets pragmatisch zu denken.

Über uns, sagen Verbrecher und Idioten, steht nur unser größter.

Was nie feststeht, geht vor; was vorfällt, wird rückfällig.

Viel mehr Lesarten als Schreibweisen. Deine verstimmte Stimme hat die Bestimmung, alles näher zu bestimmen.

Du bist dort, wo nicht dein Spiegelbild ist, das sich in dir spiegelt, und kannst jeder Fliege etwas zugute tun.

Ist der Sinn des Lebens das nächste?

Das höchste Chaos der Poesie ist formale Logik.

Der Stein der Weisen : Der Stein des lapidaren Anstoßes.

Was gesagt ist, das sagt alles. Schreib (um) dein Leben, damit es keine Lebenserinnerungen mehr gibt.

Der Autor tritt auf – der Schriftstelle (herum).

Im Anfang war alles andere (und anders) als dein Wort.

Lass dich leben und dann dein Leben.

Was sich nicht gehört, gehört anderen.

Hinterlass die Spur, die du verfolgst – nicht umgekehrt.

Welche Welt verdeckt mein Weltbild und ist ein Wort?

Das Leben hat Sinn, für Unsinn, Schwach- und Starrsinn.

Lies alles falsch und missverstehe es richtig.

Was trifft, trifft nicht zu. Nur falsche Sprüche sind gut.

An der Sache vorbeireden, ist der Rede wert, tut aber nichts zur Ursache.

Kunst will uns auf andere, d.h. eigene Gedanken bringen und bringt uns doch auf Gedanken anderer.

Widerspricht man uns nicht, spricht das gegen uns.

Entweder haben Künstler Recht oder geben uns Recht.

Kannst du keine Autorität sein, werde ein Autor.

Beschreibe die Welt wie ein Blatt Papier und das Blatt wie die Welt.

Aphoristik ist das Wahrheitsminimum der Rhetorik und Sophistik.

Erzähltes ist Erlesenes : Unverdaulich, weil vorverdaut, lauter Laute, die leiser werden, bis zum Stumm(el)sein.

Gottsucher oder Goldsucher : *Faits divers*

„Der Weg der Paradoxe ist der Weg der Wahrheit. Um die Wahrheit zu prüfen, müssen wir sie seiltanzen sehen. Wenn die Wahrheiten Akrobaten werden, können wir sie beurteilen." *(Oscar Wilde)* „Gott existiert, weil die Mathematik widerspruchsfrei ist, und der Teufel existiert, weil wir das nicht beweisen können." *(André Weil)*

Gut fragen kann der, den die Antworten ratloser machen.

Es lässt sich gar nicht widerlegen, dass sich nicht alles Falsche widerlegen lässt.

Gehören zur Vollkommenheit Gottes nicht auch seine freiwilligen Unvollkommenheiten, und zu seiner Allmacht das Vermögen zu beliebigen Unfähigkeiten?

Gewinn die freie Wahl : Verführ uns, dich zu wählen!

Für *ein* Ding Wort und Widerwort, für Für und Wider nur *ein* Wort.

Ein freier Fall aus allen Wolken : Freier Einfall.

Den Optimisten und Pessimisten wird Schwarzweissmalerei schon zu bunt.

Am meisten spricht gegen die Wahrheit, die man sagt.

Du hast nicht mal, was du gehabt hast,
aber hasst, was du nie hattest.

Der Ewige bestimmt alles im All,
damit er nicht dich selbst bestimmen muss.

*Wesensschau*spieler Husserl: Großmut macht kleinmütig,
und nicht nur Gutmütige sind guten Mutes.

Wirrköpfe bereichern das zu einfache Leben.

Wir kochen – auch nur mit Fruchtwasser, das uns Pulverdampf macht.

Schlechtes Gewissen tut Gutes, gutes Gewissen Böseres.

Wer mir Gutes tun will, soll mir auch dafür zahlen.

Der Philosoph, der sich von allem ausgeschlossen fühlt, will alles einschließen oder davon eingeschlossen sein – wenigstens im Kopf.

Ein Satz baut sich kein Haus, er baut am Tempel.

Jugend ist tot, die nicht mehr als die Erfahrungen der Alten vor sich hat.

Fester Boden (ent)täuscht nicht; er wird wanken.
Doch misstrau dem Gaukler; er bleibt dir treu.

Spricht gegen Wahrsager mehr als gegen die Wahrheit, die man sagt?

Die Nachfolge Antichristi nimmt alle Unschuld auf sich.

„Leben wie ein Bürger, denken wie ein Halbgott" ?

Die meisten Sterbenden verlieren nur ihr Bewusstsein,
zu dem sie nie gekommen sind.

Überlebst du in Kreationen oder in Kreaturen, für die du lebst?

Der Einzelne ist tot, es lebe die Generationenkette oder was er frei generierte!

Ab- und ausgebrannter Greis scheut auch das Feuer.

Liebe geht durch den Magen hinten raus.

Auch jedes unbeschriebene Blatt hat seine zwei Seiten.

Alles umsonst. Sei melancholisch,
um nicht depressiv zu werden!

Kant? Jedes *Ding* hat *an sich* seine zwei Kehrseiten.

Lebens- und Todesstrafe *ist* schon das Jüngste Gericht.

Welche höchste Hürde nimmt alle Hürden?

Kunstwerke wirken gegen unsere Künstlichkeit.

Der Heiland hatte nicht einmal eine ärztliche Zulassung.

Lass die Finger von dem, was du erfassen willst.

Gute Begabung gilt oft als schlechtes Benehmen.

Bereue, um nichts beichten zu müssen,
und beichte, um nichts zu bereuen.

Das Wesentliche beschränkt sich auf sein Unwesen.

An die Menschenwürde (gesellschaftlicher Unlebewesen)
kann man sich nur herantasten *(Grundgesetz)*.

Über den Sinn eines Lebens befindet erst die Nachwelt.

Über Ungeborene wird so bestimmt wie über Gestorbene.

Die Dinge behaupten sich gegen unsere Behauptungen
wie Menschen gegen Enthauptungen.

Lösungen findet, wer den Kopf und sein Herz verliert.

Der Christ übergeht keine Lebenden;
er hofft, über die eigene Leiche zu gehen.

Wer alle(s) einschließen will, schließt sich davon aus,
und wer alles ausschließt, ist darin eingeschlossen.

Wer deinen Verstand unverantwortlich in Frage stellt,
missversteht deine Antworten?

Triebe. Ladenbetreiber, Geldeintreiber, Sklavenantreiber, Fruchtabtreiber, Gottesaustreiber, Paradiesvertreiber.

Manche Mystiker sind Demente, die sich nicht mal mehr an eine Außenwelt erinnern wollen.

Wer sich an alle Äußerungen erinnert und sein Innenleben veräußert, ist noch kein Proust.

Klar ist, dass nur die Hoffnungslosen Klarheit gewinnen.

Lasst die Lebenden in Ruhe, Tote lassen sich eher ändern.

Ich wurde einmalig einzigartig, als ich genügend viele Menschen anderen Namens nachgeahmt hatte.

Fortschritt ist die Evolution der Evolution.

Eher wird ein Zufallsprodukt durch Wissen allgemeingültig als ein Jedermann durch Willen unverwechselbar.

Wer kann seit Freud noch seine eigenen Gedanken lesen?

Wer keine Todesangst hat, erleidet die Todesstrafe.

Altersweisheit weiss, dass man alles falsch gemacht hat (selbst wenn man das Gegenteil getan hätte).

Begründet euren Glauben, doch glaubt nicht an diese Gründe.

Mit Reichtum wüssten nur Geistreiche etwas anzufangen.

Christus und uns verbinden noch Schmerzen am Kreuz.

Gebildet ist, wer mehr wissen wollte,
als wie man Geld und Prestige verdient.

Fortschrittliche Kunst wirkt wie eine Katastrophe,
weil sie Fortschritte Katastrophen nennt.

Adam und Eva zeugten einen Bauern und einen Nomaden Kain ist heute Besitzbürger und Abel Landstreicher.

Ein aufrechter Gedankengang sitzt zwischen allen Stuhlgängen.

Verstand bringt andere dazu, ihn zu verlieren und dafür Verständnis zu haben.

Kleine Leute himmeln die große Welt an,
große Menschen das Weltall und die größten sich selbst.

Unglückliche Liebe wird die glücklichste Ehe.

Das unglücklichste Laster liegt darin, zu Tugend und Glück zwingen zu müssen.

Meteorologen machen Meteore zu Unwettern.

Man macht sich dumm, um lesen zu können.

Sport treiben nur Leute, die dafür weder zu krank noch zu gesund sind.

Die *Umwelt* verhält sich zum Weltall
wie die kleine Innenwelt zur großen Außenwelt.

Freud deutete meine undeutlichsten Träume. Ich träume, dass seine Deutungen bedeutungslos unbedeutend sind.

Es gibt keine hässliche Hassliebe, sondern nur lieblose Liebenswürdigkeit oder unbeliebte Beliebigkeit.

Alle redeten vom katastrophalen Wetter, wir reden von Klimakatastrophen.

Wahres Nichtstun sind die Untaten und Beschäftigungen.

Verzichtet höchste Freiheit freiwillig auf sich?

Fleissig applaudiert die Faulheit dem Fleiss.

Die Wahrheit des Aphorismus liegt darin, dass er auf deren Kosten funktioniert – sagen seine Gegner.

Mit Verstand wird der Einzelne allgemeingültiger, mit Vernunft die Allgemeinheit persönlicher.

Das letzte Buch. Auch jede geistige Nahrung kann eine Henkersmahlzeit sein.

Es gibt nur Philosophen, die man noch nicht versteht oder nicht mehr liest.

Udo Lindenberg ist berühmter als Christoph Lichtenberg.

Stoff heißt Stop! Die Lösung des *Ernst-Bloch*-Problems ist Verstopfung.

Wer nichts richtig macht, aber mit bestem Wissen und Gewissen, glaubt sich gerechtfertigt.

Auf jüngsten Bildern bist du am ältesten.

Der Atheist macht den Todsündenbock zum Irrgärtner.

Stößt die Realität der Ideen nur an Ideen der Realität?

Irre parabel. Tun Menschen sich und einander mit Philosophien mehr Unrecht als mit Religionen?

Der Aphorismus lässt mehr weg, als Flachsinn braucht, und weniger, als Unsinn braucht.

Mir wird jede Zeit zu lang, doch die Ewigkeit vergeht wie im Fluge.

Was will man machen, wenn man alles machen kann? Muss man denken, dass man gar nicht gut denken kann, und was soll tun, wer nicht ruhn darf?

Vergib mir vor allem, dass du mir vergeben hast!

Meine Treue ist nur Strafe für deine Untreue.

Nimm kein Weib, das einen Kerl wie dich nimmt!

Du lebst : Du hoffst, etwas schon erlebt zu haben, und erinnerst dich an noch nie Erlebtes.

Haben Gott und die Welt einander erschaffen aus dem Nichts, das die Seele aus sich erschafft?

Ein Gesetz ist etwas, dessen Chaos man nicht kapiert, u.u.

Wer das offene Meer erreichen will, erreicht nicht die Quellen, kann aber mit dem Strom schwimmen.

Wahrsager wissen, wie wir einst unsere Zukunft gestaltet haben und einst unsere Vergangenheit gestalten werden.

Du willst die Dinge nach deinen Wünschen ändern? Eher ändern sich die Wünsche, ohne dass du sie ändern musst.

Nichts ist kurzsichtiger als ein Fernseher.

Wir haben den Affen nicht mal mehr Begriffsstutzigkeit,
Halbbildung und Amusie voraus.

Der Zeitgeist betrügt das einzig *Wahre* mit der eigenen Meinung, das *Gute* mit der Vergütung, das *Schöne* mit der Färberei und das *Heilige* mit der Diva.

Ein bißchen Berühmtheit entsteht leicht,
wenn der große Ruhm verblaßt ist.

Kunst ist Vermögen, das zu schaffen, was man vernichten müßte, und das zu zerstören, was man erzeugen will.

Glaubt man, einmal Kinder und Enkel haben zu müssen,
weil man mal Kind und Enkel war?

Auch in Selbstgesprächen gibt es nicht nur Engel und Teufel, sondern auch Klugscheisser und Dummköpfe.

Jeder ist heute so gefühllos und gedankenlos,
dass er wenigstens genug Herz und Hirn zu haben glaubt.

Heute gibt es erlaubte Verbote, unrealisierbare Möglichkeiten, geblendete Zufälle, unmögliche Notwendigkeiten.

Völkerbund : Europa sind die Vereinigten Resignationen.

Fortschritt ist kein Aufstieg. Den Sieg über mich selbst könnte ich genießen, wäre er nicht auch eine Niederlage.

Der eine Mund isst mehr, als zwei Augen sehen, und das eine Hirn begreift mehr, als zwei Hände greifen können.

Man lernt nicht viel aus der Geschichte, Gegenwart und Zukunft, doch viel mehr als vom Ewigen.

Ein Arzt, der lange Wartezeiten verordnet, wirkt besser.

Man wirkt anders, als man wirklich ist – wie eine Arznei.

Alte werden nicht wieder kindisch, sondern am ältesten werden ewige Kindsköpfe.

Der modernisierte Christ ist eher kredit- als credowürdig.

Schlange im Paradies, Einkaufsschlange im Hypermarkt?

Unterzeug und Flugzeug werden erzeugt und zeugen nie.

Vernunft ist die *ultima ratio* der rationellsten Verfahren.

Wer es weiterbringt, hat Geld. Wer es zu nichts bringt, hat Zeit. Zeit ist Geld.

Wissen stellt sich dümmer als die Hausmacht, Macht gibt sich schwächer als die Mitwisser.

Der Zerknirschte ist schon zahnlos oder knirscht mit dem Zahn seiner Zeit.

Intellektuelle sind die einzigen, die die Meinungsfreiheit nutzen, um ihre Kunden meinungsfrei zu machen.

Bauern und Bürger schuften, bis sie nur noch so wenig zu tun haben wie Nomaden schon immer.

Der Zeitgenosse glaubt, dass Polytheisten so an (mindestens) einen Gott zuviel glauben wie Monotheisten.

Kunst bringt die Wildnis in ein Bildnis,
Kultur dann dies Bildnis in die Wildnis.

Erst kannste noch nicht, dann willste schon nicht mehr.

Wir werden wie Kinder, die nicht mehr werden wie wir.

WHO. Wer unter mir leidet oder mich gut leiden kann, muss auch behandelt werden.

Wer kann es sich noch leisten, sich nicht leisten zu können, was sich vorgestern noch niemand leisten konnte?

Faule Hühner legen nicht mal faule Eier.

Nichts zu machen, mehr zu denken!

Lebensläufe rennen Gedankengängen meist davon.

Die Zeit kommt ewig, das Zeitlose immer zur Unzeit.

„Es ist alles ganz anders, als man denkt", denke ich.
(Also ist alles wirklich so, wie ich denke?)

Die große Schere zwischen Arm und Reich ist stets eine schöne Bescherung, die aber kaum Scherereien kriegt.

Ein Verlag sollte sich weniger entschuldigen für Druckkosten und Druckfehler als für die Druckwerke.

Der Christ glaubt an einen Gott,
der Antichrist glaubt alles übrige.

Utopia ist schlimmer und das Fegefeuer schöner, als man glaubt.

Lebt der gebückte Schreiber vom geneigten Leser o. u.?

Abweich, Ausweich und Aufweich gesellt sich gern.

Naturgesetze sind zeitweise Spielregeln des Ewigen, unsere Strafgesetze aber regieren immer im Ernst.

Soll man seine Lebenszeit besser vergeuden mit der Verbesserung allgemeiner Lebensverhältnisse?

Schwarzseher fürchten sich im Paradies, rosarote Brillen hoffen auf Fegefeuer.

Langweilige Leute langweilen sich mehr.

Von Gemeinschaften kommen Behandlungen und Verhandlungen, vom Individuum kämen Abhandlungen.

Die Gans preist dem Fuchs die Vorzüge vegetarischen Fressens.

Existiert Gott, weil Sterbliche ewig unvollendet und doch am Ende sind?

Man suchte Einheit und fand Einheiten. Aber auch von der Einheit aller Einheiten gibt es viel mehr als eine.

Ein Chaot, der nur Theater macht, inzeniert sich als Sehenswürdigkeit wie der Kosmos.

Ein Schritt ins Freie und Offene – und es kommt nichts mehr als Grau in Grau. Ein Schritt ins Kleine und Enge, und es wird hell und schnell.

Vergib mir, dass du mir vergeben hast,
dass ich dir vergeben habe.

Macht weder den Schreibtisch zum Buchladentisch noch den Ladentisch zum Beamtenschreibtisch!

Travel, travail. Weise haben Hirne als Wegweiser:
Geh weg aus dir heraus in dich !

Ellipsen-Thesaurus : Miniaturengebirge

Meine Befindlichkeit befindet sich hier, doch in keiner Welt mehr, oder befindet sich überall, wohl oder übel.

Der Künstler kommuniziert, dass er nie kommuniziert.

Wer nur die Lücke ersetzt, die er hinterlassen wird und vorgefunden hat, büßt sie.

Sozial gerecht wird technologische Arbeitslosigkeit nur gleichverteilt.

Nur Entfallenes fällt uns ein, nie Neues.

Wenigstens sollte niemand sterben, bevor er sich schuldig machen konnte.

K. schrieb Frauen Vorspiele fürs Buch, nicht fürs Bett.

Vermögensbildung in Arbeitnehmerhand :
Halbgebildeter Minijobnehmerkopf.

Sucht nach dir ist Flucht vor mir :
Ist Selbstsucht nur Flucht vor dir ?

Der Weltlauf hat den Gang der Dinge immer schon überholt.

Aphoristiker erwarten unerwartete Ideen: Unpersönliche Gedanken sind hoch, persönliches Denken ist niedrig.

Gewohntes Alter macht gewöhnlicher; außergewöhnlich dünkt sich nur Jugend.

Familienmitglieder sind inzwischen weniger voneinander als von der Gesellschaft abhängig.

Altersweisheit ist die Summe dessen, was man endlich lächerlich findet, Jugendkultur die Albernheit dessen, was niemand mehr albern nennt.

Monarchie : Rechtsstaat ohne Demokratie.
Diktatur : Volksdemokratie ohne Rechtsstaat.

Das Unrecht, das du erleidest, macht dich bedeutender als das Recht, das du bekommst.

Wo die Wirkung groß, ist wirkliche Größe wirkungslos.

Der Orgasmus ist die beste Maske des Todes.

Geist ist ebenso Kulturkapital wie Gold eine spirituelle Macht.

Reiche geben Geistreichen lieber ihren Geist als ihr Geld.

Paradoxe Verbindung von Genauigkeit und Unbestimmtheit : Apercus, untercodierte Fremd- und Muttersprüche.

Lässt sich Gewöhnliches veredeln,
indem man Höheres erdet o. u. ?

Die Sprache führte von Sprüchen zum verführerischen Gerede, die Schrift von der Buchführung zum Grundbuch

Von Außen kommt mehr nach Innen,
als heute von Innen nach Außen geht.

Über Moden lässt sich die Welt schneller verändern als durch Dichter und Denker.

Hochkultur widerlegt alle Kultivierten, Kunst geißelt die Kenner und Philosophie düpiert die Nachdenklichen.

Um auch nur das Wenige sein zu können, das du bist, musst du dich mehr dünken und nicht daran denken.

Wahrheit zerfällt in gegensätzliche Irrtümer, die sich anziehen und aufheben, und ersteht aus ihnen – wie nichts.

Wieviel Chaos findet in dir Platz, um den Eindruck einer ordentlichen Person nicht zu gefährden, und wie gefestigt darfst du sein, um nicht erstorben zu wirken?

„Un peu de bruit autour de notre âme"

„Man verläßt die Vieldeutigkeit nur zum eigenen Nachteil!" *(Kardinal de Retz) Cahiers*: „Notizen, deren unterirdischer Zusammenhang ihnen mehr Einheit und Form verleiht, als Außenarchitektur ihnen hätte verschaffen können." (*Theodor Adorno* : „Valérys Abweichungen")

Sind Teleskope für Allexpansionen Riesenmikroskope für Elementarteilchen oder umgekehrt?

Extreme führen zum Mittelmaß, faule Kompromisse zu fleißigen Extremisten.

Kants *Ding an sich* offenbart sich durchaus, doch nur dem, der es erschaffen hat oder der es nicht sehen kann.

Nil et omnia desum. Die Seele wärmt sich daran, dass der Geist das Licht will, wo der Leib das Feuer scheut.

Das Rädchen im Getriebe genießt Gemeinschaftsgeist und hält die Verhältnisse für sein Verhalten.

Dichter sehen sich nicht im Wasserspiegel, sondern im Satzspiegel ihrer Bücher.

Geist schafft Ordnung und sich in der geordneten Welt ab

Ein kluger Mensch, der nicht gewürdigt wird, wird dumm oder mehr als intelligent.

Oligarchen bedienen sich ihrer Demokraten,
die ihre Aristokraten selber wählen.

Das Ganze ist auch nur ein Teil seiner möglichen Teile.

Abscheu vor Nachbarn erzeugt Gemeinschaftsgefühle, und Menschenliebe hasst den Nächst(best)en.

Schweigen führt das Wort, das ins Schweigen führt.

Den reibungslosen Betrieb stört der gesunde Arbeitnehmer besser als der krank(geschrieben)e.

Wachs in den Händen wächst nicht.

Gab es Arkaden in Arkadien? Man hatte den Bogen raus auch ohne Ellbogen.

Aphorismen sind Bonmots, die einem erst nach der Party einfallen.

Der Fluch segnet sich selbst, er verflucht den Geldsegen.

Hirnforscher leugnen die Willensfreiheit. Wollen sie nur beweisen, dass sie nicht Alzheimer haben?

Wille ist frei. Tyrannische Launen brauchen ja Sklaven.

In moderner Physik werden Raum und Zeit nicht mehr gemessen, sondern gewogen und zu schwer befunden.

Aphoristik. Auch im geistigen Raum besteht Geradlinigkeit aus potenziell unendlich vielen Pointen.

Dein Anteil an der Welt war am Ende nur ein Urteil.

Der beste Teil des großen Ganzen ist sein Gegenteil.

Nicht nur Analphabeten erhören und gehorchen.

Ein Dr. med. verschreibt sich und Doktrin seiner Lehrer.

Frau Welt hat seit kurzem einen edlen Stammbaum. Sie ist eine Königstochter und stammt ab vom Hirnforscher.

Gattungsbegriffe garantieren noch kein geistiges Leben, seit Begattungsgriffe die Pille kennen.

Der Aphoristiker kann keinen Satz schreiben, ohne eine Bibliothek zu ersetzen. Er schreibt über fast nichts und sagt alles; er klärt alles und erklärt so gut wie nichts.

Die Bibel ist voller Aphorismen, ihr Autor macht keine großen Sprüche.

Wertschätzung des einen ohne Verachtung des anderen?

Sag nicht die Wahrheit, sondern warum sie nicht genügt.

Verrückte sind nur einen Schritt weiter als Aphoristiker, die alles von der Stelle rücken, was auf der Stelle tritt.

Wenn das Gerede vestummt, schreiben Aphoristiker, die einzigen nicht altersgeschwätzigen Weisen.

Wer es hört, gehorcht. Wer es anschaut, kommt auf Gedanken. Wer es verdaut hat, urteilt aus dem Bauch.

Spitz(findig)e Zungen bekämpfen Stumpfbuben. (Schlag-)Fertig werden sie erst übermorgen.

Marschieren Pazifisten im Gleichschritt auseinander?

Gewohnheiten sind Hausaufgaben für alle, die ihr Haus nicht aufgeben.

Spaß ist alles, was der Ernstfall ist und dabei reinfällt.

Du bist ganz unter Menschen oder Untermensch für sie.

Gefühlsausbruch eines Häftlings ist wie Gedankengang über Wasser.

Handeln kommt angreifbar zu Verteidigungsbereiten,
Denken aber unsichtbar zum Unsichtbaren.

Was ist, will erinnert sein; was war, will geplant sein;
was sein wird, bleibt nie, und was bleibt, wird nie sein.

Der gravitätische Geist nennt sich nie eine Leichtkraft.

Auch Nahrungsketten können schmücken oder erwürgen.

Künstler bringen Stoff in Form und die Form in Stoff.
Und Inhalt verhält sich zur Form eher wie Sauerstoff zur Lunge als wie Kleiderstoff zur Körperform.

Der Hirte flucht dem Bauer, das Lamm segnet den Pastor

Eltern zeugen ihre Klassenfeinde und hoffen auf Verräter

Schlechtem Gewissen ist nicht gleich gute Besserung zu wünschen.

Die Arbeit glaubt nicht, dass die Kirche arbeitet.

An Urnen gibt der Tod wahllos die Stimme der Natur ab.

Was stimmt, ist unmusikalisch und stimmt uns traurig.

Nimm Anteil am großen Ganzen und ergänze die Urteile.

Schlösser waren Monarchitekturen.

Ein Satz zuviel ist vielleicht ein Aphorismus zuwenig.

Der Aphorismus macht Kostenloses kostbar und billigt selten, was uns teuer ist.

Auf der Agenda stehen nun interagierende Passionen und Aktien als Aktiva.

Der Geist lebt vom Leibeswohl, der Körper nicht vom Geistreichen. An psychosomatische Krankheiten glauben nur Idealisten.

Gegen jede Meute ist zu meutern.

Halbwüchsiges reift nicht, weil Reifes verfault.

Was sinnvoll passiert ist, hat die sechs Sinne passiert u.u.

Ideen sind surrealistisch, Bilder mehr oder minder irreal.

Geschwindsucht der Entfernungen. Der Dilettant hat eine Schwäche für Steckenpferdestärken.

Die Rechtslage der Linken: Grundlage ihrer Niederlagen.

Das Verrückte an der Normalität ist, dass sie wie der Wahnsinn Normen mißachtet.

Das unheimlichste Vaterland sperrt dich ein ausschließlich mit Einheimischen.

Unwägbares ist zu wagen und Nützliches deshalb noch nicht unschädlich.

Begriffsgewerkschaften dulden nichts Unbegreifliches.

Das Katastrophalste ist, dass eine Katastrophe die andere besser überwindet als eine Komödie jede Tragödie.

Sessel und Sofas transportieren uns zum Tran-Sport.

Geist wartet auf Gegenwart, hofft auf Erinnerungen und gedenkt seiner Pläne.

Weltbild, Wunschbild, Schreckbild, Zerrbild

Man wird lieber Opfer der Gewalt als der Überlegenheit.

Ein Buch soll schwerer sein als der Kopf und das Herz.

Deine besten Ideen wissen mehr als du.

Ein Chaot hasst und fürchtet das Nachbarchaos.

Konsequentes Denken macht die richtigeren Fehler.

Am Ziel erfährt man, dass der Lebenslauf abgesagt ist.

Größte Freiheit sucht Schranken ihrer Beschränktheit.

Rebellen unterscheiden sich an der Frage,
ob Wunsch oder Wirklichkeit autoritärer ist.

Wer wenig weiss und will, kann viel Kunst machen.

Unter besten Umständen blüht nur Bestialisches bestens.

Die Bibel ist der Beipackzettel der Schöpfung –
mit allen Dosierungsanleitungen und Nebenwirkungen.

Vollendetes ist der beste Lückenbüßer.

Fortschritt : Erst die Technik, dann das Schuften!

Der reizvollste Flirt lernt andere kennen, indem er die Enthüllung seiner wahren Absichten kunstvoll verzögert.

Im Firt wird das Liebesspiel raffiniert, virtuos und geistreich. Deutsche waren dafür stets zu tumb und zu plump.

Die Versuchung von Forschern sind Versuche, Essays über Wahrheitssuche durch Experimente mit Wahrheitssuchern zu überbieten.

Liebe, Ehe und Liebesspiel versuchten immer,
einander zu entschärfen und zu verhüten.

Kann das Selbstbewusstsein die vielen Dinge vereinen,
die ein klares Bewusstsein zerreisst (und zerreissen)?

Husserl findet und schaut, Sartre erfindet und erbaut das Wesen einer Sache.

Wer mittelmäßiger als die Mittelmäßigen sein will,
möchte auch etwas Besonderes sein.

Geschichte ist ewiges blutiges Einerlei,
Neues bewegt nur die reine Logik.

Erreicht das Himmelreich noch ärmste Geistreiche?

Zugespitztes ist als kleinste Größe die größte Petitesse.

Wer lächelt übers Wiehern oder lacht übers Grinsen?

Die Wahrheit befiehlt Ein- und AusDruckfehler,
denen es nur an goldrichtiger Ungerechtigkeit fehlt.

Lebende können schon lesen und mögen es nicht,
Sterbende wollen es und können es nicht mehr.

Das Neue Testament ist ein unerlöstes Kreuzworträtsel.

Bildungshunger schreibt auch Kochbücher mit Rezepten
für geistige Nahrung und Jüngste Gerichte.

Das Gute ist ein Verbrechen an besseren Kreisen
wie der Teufel ein Engel für schlechte Gesellschaft.

Darwin? Herdentiere kämpfen ums Dabeisein, Kritiker
ums Dagegensein und Sterbende ums Danachsein.

Der Bürger versichert sich gegen nomadisches Glück.

Kritik verdient im Durchschnitt überdurchschnittlich gut.

Kunst übersetzt die Rhetorik der Natur in die Muttersprache der Notlüge.

Steckenpferd. „Geschenktem Gaul schaut man nicht ins Maul." Die Eltern schenkten uns das Leben.

Die Evolution erfand das Genie, das Lösungen und Auswege erfindet, die sie kollektiv sonst nie findet.

Gefäße, die nicht lecken, erfassen ihren Inhalt besser als Begriffe, die zu klar sind.

Wer ist das? Was ist der? Das große Ganze ist nirgendwo besser aufgehoben als in einem Schlußpunkt.

Leben fragt nicht nach Sein oder Totenschein.

Kein Redefluß genießt Quellenschutz.

Bilder fallen stets in die Rolle, uns zu schauspielern.

Tatkräftige Leute glauben an einen Gott,
der nichts mehr zu tun hat (als sonntags).

Denken oder Rechnen spart nur die Tatzeit,
die ihr Erlernen kostet.

Die Aphoristiker fliehen in schnellen Sätzen vor wilden Kopfjägern.

Das Dach überm Kopf sperrt vom Himmelsdach aus.

Das Allheilmittel Popkultur hat soviel Nebenwirkungen,
dass Seelsorger es rezeptpflichtig verschreiben sollten.

Der Kirche werden mehr Sünden vergeben, die sie vergeben hat, als Sünden, die sie begangen hat.

Chaoten leben in ordentlichem Frieden mit Kosmologen.

Das Schlimmste tritt ein, sobald der Teufel einschläft.

Den offenen Schluß macht die reine Logik mit Schließfach für Fachidioten.

Wer sich aktiv einschaltet, sieht immer gleich das *Licht der Vernunft* angehen.

Der Ursprung aller Dinge : Man ist am Ende. Das Ziel liegt immer darin, (wieder) anfangen zu können.

Der Zufall ist nicht das Schicksal,
aber dessen Gerechtigkeit oder Geheimdienst.

Seit Schuldgefühle wegtherapiert werden, machen große Schulden stolzer.

Auch Selbstgespräche bitte nur noch am Flatrate-Handy!

Urlaubsfahrten umfahren Erfahrungen wie Gefahren.

Modernere Klassenfeinde : Besitz- und Bildungsbürger.

Die philosophische Fakultät ist die Nach- und Unterwelt aller Hinterwelten und Feminismus der Streit, welche bessere Hälfte die Halbwelt bevölkert.

Schalt ab bei dem, was sich nie abschalten läßt! Naturschauspiele haben größere Abschaltquoten als Ferien.

Atheisten sind Leute, die am Ende zu vieles glauben.

Wissen oder Gewissheit ist auch nicht mehr das gute Gewissen der Ohnmächtigen.

Selbstbewusstsein kann leichter als Unterbewusstsein das klare Bewusstsein trüben.

Volle Tasche dämpft Todesangst besser als leere Kirche.

Es ist gerecht, dass vor Naturgesetzen nie alles gleich ist

Wer vom und zum Leben wenig hat, kriegt es eher satt.

Das Klima wird weniger beeinflußt vom Wetter als von demagogischer Furcht.

Dialektik heißt nicht, dass sich gegensätzliche Ansichten zu grundsätzlicher Einsicht neutralisieren.

Religion ist Glaube, dass ein Verlust keine Niederlage ist und ein Gewinn kein Sieg.

Ist das Jüngste Gericht eine juristische oder theologische Avantgarde?

Der Autor der Bibel hatte weder Musen vorher noch Nobelpreis nachher.

Fortschritt : Parapsychologischer Weg von parasitären Paradiesen über paranoische Paragraphen zu Paradoxen.

Wirtschaftliche Arbeitsteilung ist weder politische Gewaltenteilung noch christliche Dreieinigkeit von Arbeit, Kapital und Staat.

Nomaden suchen den Weideplatz an der Sonne,
Bürger den Sesselplatz an der Heizung.

Statistik löst jeden heute besser auf als früher die Liebe.

Tiefschlaf träumt von Liebe und Liebe vom Beischlaf.

Moral ist der Witz bei der Wertsache, zu der fünf Sinne kommen.

Jeder hatte mal Talent. – Das war's auch schon.

Die Bibel ist die Gebrauchsanleitung der Schöpfung –
damit Verbraucher am Produkt nur Freude haben.

Die engste Seele besteht aus kosmischen Weiten
zwischen Herz und Hirn, Hand und Hoden/Hymen.

Elektron. Schon Elektrizität war elektronisch und hatte
keine Wahl, ob und wohin sie fließt und was sie antreibt.

Im Krieg siegt das Schlachtfeld der Geschlechter,
im Frieden das Schlachtfest im Schlachthaus.

Das Bad in der Menge befreit Köpfe nie von verstaubten Werken und ungeklärten Fragen.

Oberschule: Künstliche Ernährung mit geistiger Nahrung

Vorbestraft, nachbelohnt : Was du dir schuldig bleibst, hast du abgesessen oder ist stets verjährt.

Wer immer tun und machen muss, gilt als freier Mann.

Alles Herrliche dient seinen Knechten.

Vater Staat ist noch lange nicht für die Vormacht der Natur, weil er gegen die Alleinherrschaft der Kirche ist.

Persönlichkeit ist die Summe dessen, was man nicht tut und weiss, nicht merkt und nicht nimmt.

Hohe Tiere, von oben gesehen, sind erniedrigte Leute.

Gegen die Zeit hilft die Mahlzeit oder Hochzeit.

Fürs Buch der Bücher ist der Leser ein offenes Buch.

Aphorismen sind asketische Junggesellen, die alles Unpassende verkuppeln und alles Verträgliche scheiden.

Das beste Leben und die besten Köpfe gibt´s in der bestialischsten aller Welten.

Einst schuftete der arme Schlucker für Gotteslohn, heute schuftet er für Bildungshungerlohn.

Mach dir keine Gedanken, tu etwas Unverständliches! Oder mach mal Pause und lass dein Hirn arbeiten!

Verzweifelte Selbstoptimierung ist eine optische Selbsttäuschung von Optimisten.

Tunix und Kaufnix hat alles.

Hirnforscher sperren uns ein in unser Gehirn, doch Angst befreit daraus.

Philosophie wurde Innenweltökologie: Gedankengangartenschutz.

In der Sahahara trinkt man, bis man ertrinkt.

Der Zeitgenosse steht nicht still, bis die Unzeit für ihn mal zeitweilig stillsteht. Das nennt er Gelassenheit.

Zählt der Mensch, weil er zählen oder erzählen kann?

Der Tod des Individuums vollzieht sich heute auch durch Individualismus und Individualisierung.

Schuf der Ewige das inflationäre Multiversum aus fluktuierendem Quantenschaumvakuum?

Der Philosoph spekuliert auf *Boden*preise *der Tatsachen.*

Wie fällt das Licht der Vernunft in graue Zellen, ohne die Schädeldecke aufzuschlagen?

Ein Ort der Verwüstung ist kein Platz an der Sonne.

Was alles erklärt, gilt nur zu seiner Zeit, und es gibt so viele Objektivitäten wie Nullpunkte.

Gib mir deine Hand, ich nehm nur den kleinen Finger.

Die ganze Hand ist mehr und anders als ihre fünf Finger, aber kein Ganzes.

Jugendliche sind fixiert auf Autorennen, Physiker auf Überlichtgeschwindigkeiten von Welträumen.

Ich bin so angepaßt, dass selbst unpäßliches Abhauen nie ohne gültigen Pass mir in den Kram paßt und passiert.

Das Leben geht weiter. Das Sterben noch weiter.

Tötet der Mensch auch, um sein Sterben zu üben?

Der Materialismus ist bankrott, das Material ist zu teuer.

Ganz Aufgeklärte nennen das Licht der Vernunft eine optische Täuschung.

Der Wille, der keine Steuern zahlt, wird als unsteuerbar freigestellt.

Der Körper ist gewandert, der Geist ist bewandert, die Seele handelt und wandelt.

Die Industrie produziert nur Sachen, die sich als Welten fix verkaufen oder als fixe Ideen verpacken lassen.

Ein Kompromiss zwischen Eiszeit und Weltenbrand ist die (Frauen-)Zimmertemperatur.

Freie Verbraucher kaufen nur Zwangsvorstellungen.

Der Kern jeder Frucht hofft, ihre schönste und raueste Schale zu überleben.

Religion ist Todeskampf ums Da(bei)bleiben.

Man liebt den Ewigen nicht mehr, seit man nur noch glaubt, dass er Armut und technische Defekte liebt.

Wahrheit macht ein Urteil zum straffreien Plagiat der Wirklichkeit.

Kunstwerk ohne Handwerk : Mundwerk ohne Laufwerk.

Die freie Gesellschaft befreit sich aus der des Ewigen.
In unfreier Natur fühlt sie sich im Nu unsterblich.

Das Talent, an eigener Talentlosigkeit zu verzweifeln, ist so rar wie die Gabe, sein Talent für Diebesgut zu halten.

Kinderlose Hundertjährige : Neue Vorhut der Religion.

Von dir Abhängige lässt du nicht hängen.

Heute sind geborene Sklaven am Ruder und Könige am Rudern.

Metaphysik reüssiert als Versuch, Gedankenexperimente mit physikalischen Experimenten zu machen.

Klassenlose Gesellschaften bestehen aus drittklassigen Spießgesellen, sagen klassisch Deklassierte.

Abgrund gähnt den Boden der Tatsachen gründlich an.

Dasein ist leblose Existenz. Der Übermensch wäre heute Unterfunktionär mit Unterfunktion von Humus.

Schule ist künstliche Ernährung von Hungerstreikenden mit geistiger Nahrung.

Der Aphorismus endet in einem Schlußpunkt und zielt auf deinen Standpunkt. Er landet am Nullpunkt, nicht beim oberflächlichen Volkskörper.

Wer keine Idee im Kopf hat, hat die Realität am Hals.

Der eine denkt folgerichtig, der andere erfolgreich, der dritte an die Folgen, und Gott verfolgt ganz anderes.

Sterbliche haben Recht und Geld, der Ewige mehr Macht und Zeit.

Das fällige Pech ist alles, was der Glücksfall ist.

Nach getaner Arbeit war gut träumen. Wir sind nicht mal mehr Theoretiker nach Feierabend.

Weisheit ist nicht mal mehr Entschädigung fürs Sterben.

Das Ego ist ein Krieg gegen Ergo und Ergonometrie.

Die Sonne scheint auf den Kopf, der Sein und Schein
unterscheidet und aus nichts nichts Besseres macht.

Die Realität ist der Albtraum, der keinen Schlaf behütet
und ein Wunschtraum anderer ist.

Gemeiner Pop lullt Eliten ein und schläfert das Volk ein.

Wer kein Maniak sein darf, muss Hypochonder werden.

Öffentlichkeit ist offen für Herden und Seuchen,
doch die Macht ersetzt Kraft durch Verstärker.

Unter Druckwerken verstehen wir Schriftsachen,
die uns wirksam unterdrücken wollen.

Höhe ist keine Untiefe, doch ein Sieg der Hochstapler.

Links- und Rechtsaußen sind Reaktionen auf die extreme
Mitte dazwischen, nicht zwischen Oben und Unten.

Böses versorgt uns, Gutes verschleißt uns, Schönes hasst uns, und das einzig Wahre verfälscht uns.

Zwischen Wald und Feld sollte man Wurzeln schlagen, nicht zwischen Schlachtfeld und Blätterwald.

Der Fortschritt ist eine feinmotorische Störung, die den Motor speist und nicht zerstört.

Gerade schlage ich ein Buch auf, da lese ich schon, was ich besser tun sollte als nur zu lesen und zu reden.

Die Plagen, die der Ewige nicht schickt, quälen mehr den Sklaven als den Pharao.

Viele sind klug genug, unter ihrer Dummheit wenig zu leiden, und wissen ihre Unwissenheit leicht zu ertragen.

Der Grund von allem wurde erst Boden der Tatsachen, dann Grund und Boden, dann Wiesengrund und Ackerboden, dann Abgrund, dann aufgeräumter Dachboden.

Klugheit kann unter ihrer Ignoranz lebenslang leiden.

Was Kopf und Herz schwer macht, macht Leben leichter

Lyrik ist kosmisch geordnet, Logik ordentlich chaotisch.

Das richtige Schließen widerlegt kein falsches Öffnen. Logiker beweisen, dass Wahrheit so elitär ist wie Lügen, und analysieren, warum sie nicht richtig denken können.

Was von Realität übrig ist, jagen CERN-Forscher unterirdisch. Was irreal bleibt, sucht sie nachts heim.

Höhepunkte von Lust und Zorn ähneln sich, Verlust und Vorlust nie.

Theorien sterben durch technische Anwendungen, nicht durch Proben aufs Exempel.

Pop bahnt dem Gassenhauer (nicht nur) eine Sackgasse.

Ein Buch in der einen Hand, dein Busen in der anderen, der eine Fuß auf deinem Kopf, der andere im Dreck: Hand und Fuß hat alles, was ich tu.

Kraft besiegt Massenträgheit. Arbeit ist Kraft auf dem Weg, und Energie ist beschleunigte Masse, auch deine.

Entweder macht man Geschäfte und hat Gefühle, oder macht Gedichte und sich keine Gedanken.

Ich werde den Gedanken nie los, dass ich ihn immer loswerden will – bei dir, der sich keine macht.

Gedanken sind so gedankenlos, dass sie die Mehrheit erobern wollen, gegen die sie entstanden sind.

Unterlassungssünden werden Ideen, Emotionen ersetzen Mobilität.

Man muss wenigstens klug genug sein, sich vor Verstand zu fürchten, und so dumm, sich vor Intellektuellen nicht zu fürchten.

Entweder mehr Medien müssen sterben
oder mehr Menschen, die sie verfolgen.

Mutter Natur gesteht unter dem Verhör der Forscher,
was immer sie hören wollen. Wahrheit würde schweigen.

Geber sind seliggesprochener als Nehmer – sie sind tot.

Hirne sind Herren fremder Hände, nie eigener Herzen.
Man kommt unters Hand- und Fußvolk statt Kopfvolk.

Gemeinschaft bringt Vorlaute zum Schweigen, Stumme
zum Brüllen, macht Faule fleißig und Tüchtige träge.

Die Generationenkette würgt und schmückt zugleich.

Faulpelze haben mit ihrem Werk nur früh genug angefangen und Arbeitstiere zu spät.

Not trifft fast notwendig jene, die sie nicht nötig haben.

Schneller Fortschritt ist eine fixe Idee, die auf utopische Abgründe zurast.

Kants Idealismus bestimmt eher die Außenwelt durchs Innenleben als unsere Intimität durch Extremitäten.

Wer will schon lieber Gene erben als Macht und Geld?

Ein freier Einfall, ob Ernstfall oder Glücksfall, denkt nie an den Boden der Tatsachen.

Enthülle von dir, was keiner sehen kann, und verhülle, was jeder sehen soll.

Wahrheit sagen Narren dem König, Weise nur sich selbst

Es gibt Leute, die gar nicht verdienen, was sie verdient haben, und Leute, die ihnen dienen, ohne bedient zu sein

Nichts Neues unter der Sonne – außer Fusionsreaktoren.

Ein Startpunkt ist keine Richtung, drei Punkte, Punkt an Punkt an Punkt, sind es auch noch nicht.

Die allgemeine Logik des Verstandes kann die Logik des einzelnen Gegenstandes, die es nicht gibt, nie abbilden, ohne die Poesie der Welt zur Hilfe zu nehmen.

Nicht nur Hirnforschung ist der Wahn, dass das Weltall mehr unter eine Schädeldecke passt als ein Kopf ins All.

Zum Glück ist meine Welt größer als mein Körper und das Weltall größer als deine Umwelt.

Zeitgenossen verzappeln zwischen privatisierter Gefühllosigkeit und vergesellschafteter Gedankenlosigkeit.

Das Denken kommt zum Stillstand bei Dummheit wie bei Erkenntnis.

Kirchenschiffe auf dem Meer der Tränen waren Kreuzfahrtschiffe ins Himmelblaue.

Gott lenkt, also hat der Mensch etwas, das er denkt.

Der Wirkungsgrad von Urursachen ist inzwischen so gut wie von Ansichtssachen und Dienstsachen.

Wie soll ich bei all den taghellen Armleuchtern und Geldscheinwerfern meinem Stern folgen, und wer will in den Himmel der Kosmologen kommen, ohne in *Schwarzen Löchern* auf Nimmerwiedersehen zu verschwinden?

Ich kenn mich in- und auswendig, ich habe mich verdaut.

Duz nie deine eigenen Gedanken, du bist mit ihnen doch gar nicht bekannt und verwandt.

Die Uniform ist aus dem Stoff, der in Form ist und bringt

Die Natur mag ein Buch sein, doch lesen kann sie in uns.

Ein Messgerät hat den Facheindruck von Mutter Natur.

Ein Mitbürger ist kein Gegennomade und Mitleid leider nicht gegen Leid.

Man gehorcht aufs Wort, doch glaubt nicht aufs Wort.

Wäre es gerecht, wenn der Ewige uns mehr Zeit ließe als sich selbst, um zum Gericht zu kommen?

Prognosen sind Diagnosen von Ursachen minus Wertsachen, und Vorsehung ist Rückblick auf Weltgeschichte.

Nietzsche erzog dazu, den Übermenschen tiergerecht zu züchten und hat Menschen artgerecht ge(not)züchtigt.

Liebe deine Todfeinde, das Wahre, Gute und Schöne.

Fortschritt ging von Tagelöhnern und Tagedieben zu Tagesgeldern und Journalisten.

Glücksritter reiten Ackergäule zu Steckenpferden zu.

Das große Ganze ist Thema des Alltags, das Elementarteilchen Gegenstand komplexester Urteile.

Philosophie ist Höhenangst der Gedanken und Platzangst der Sonne.

Militärparaden sind die *Loveparades* von morgen und fahren ihnen nicht in die Parade.

Ehe war Liebe auf den zweiten Blick, Scheidung ist Ehe auf den ersten Blick.

Revolutionen sind nötig, damit alles anders wird als ich.

Bescheidenheit, die Bescheid weiss, ist die bescheidene Form mutiger Demut oder feiger Arroganz.

Wer aberglaubt, wird arm- und leut-, glück- und redselig.

Unsterbliche Künstler kuschen vor Zeitungsjournalisten.

„Kürze sagt wenig, aber mehr." *(Billy)*

Würz-Kürze liegt zwischen Unklarheit und Objektivität.

Das Beste ist, dass Gutmenschen sich böse werden und Bösewichter sich zu gut sind.

Wer mit allem rechnet, was zählt, muss gar nicht nachdenken, was Zahlen und Erzählungen sind.

Glück ist die Gabe, sein Unglück nur sich selbst zu verdanken und nur zu kriegen, was man nie vermisste.

Leben hat ein Ansinnen : Es sinnt auf Unsinn und ersinnt sich sechs unbesonnene Sinne.

Tragödie : Sind Lustspiele fehlinszenierte Liebesspiele?

Der Mensch : Von Kopf bis Fuß nur Haut und Knochen?

Gedichte verklären ungeklärte Gefühle, die Gedankenlosigkeiten erklären.

Wenn am Anfang der Weltraum sich schneller verbreitete als das Licht, brauchte dann die Zeit mehr Spielraum als die Ewigkeit?

Ist das All leerer und schwerer als seine Elementarteilchen und ein Quantenvakuum voller als nichts?

Lesenswertes darf nicht lebenswerter sein als ein zweifelhaftes Individuum gesellschaftsfähig.

Kunst entsteht, wenn missglückte Werke Glück haben. Im Kitsch wird das Gelingen zum Missraten.

Kulturträger können tragfähige Kulturerträge ertragen und als eigene Kinder ihre Kriege ein- und austragen.

Das Gute ist ein Unterweltverschmutzer, die Außenwelt eine Innenweltverschmutzung und das Materielle nicht sehr geistesweltverträglich.

Herz und Haut, Hirn und Hand, Hoden und Hymen haben es schwer, es einander nicht leicht zu machen.

Wahrsager sind Lügner, und objektive Wahrheit belügt das nun zweifelhafte Subjekt.

Reiner Geist ist nicht mal und vor allem nie der Eunuch.

Ein Kerl kreißt und kriegt sein Kriegskind, Vater aller befriedrigten oder zufriedenen Dinge.

Herz und Hand und Hirn verdienen, was der jeweils andere verdienen sollte.

Naturwissenschaftler haben Zahlen im Kopf. Geisteswissenschaftler stellen nur vor die Wahl: „Kopf oder Zahl?"

Kafka fühlte unter Menschen wie der Fromme vor Gott.

Tintenkleckser gelten als nachhaltigste Nachweltsünder.

Auf Unis beziehen abstrakte Gehalte konkretes Gehalt.
Techniken sind konkrete Formen abstrakter Formeln.

Zureichende Gründe hat alles, was nicht gründlich lebt.

Hinter dummen Zeitungslesern steckt ein schlauer Kopf.

Kleine Fehler sind größer, denn es gilt als großer Fehler, sie auf Befehl durchgehen zu lassen.

Der feste *Boden der Tatsachen* ist kein Beweggrund der Ursachen : Steigt auf zum Himmel, dem Dachboden der Untatsachen!

Kleine führt man an der Hand, Größere am Hirn, und das Herz des Gernegroß an der Nase herum.

Praktisch weiss ich, was ich theoretisch nicht kann.

Altersweisheit besteht heute in kindischer Naseweisheit.

Wachs auf unter alten Bäumen und stirb unter jungem Gemüse.

Die Hölle auf Erden ist diesseits von gut und böse, der Himmel aber jenseits von besser und schlechter für mich.

Auch im Friedfertigsten arbeiten kosmische Gewalten, auch im Wüterich schläft tobend die ewige Ruhe.

Das gibt ein Gericht : Jeder schmort in einem anderen Saft, der sich aber über alle ausgießt.

Kämpft und streitet nicht soviel, sonst gibt es noch ewigen Frieden. Seid nicht so brav, sonst gibt es noch Krieg!

Das letzte Wort hat der Ursprung, und das Ende bricht das ewige Schweigen.

Der Aphoristiker sagt ein letztes Wort nach dem andern. Am Anfang war ein Wort, das man bricht oder überhört.

Die Welt wird im selben Maß verbessert durch Ideen wie verschlechtert durch deren Verwirklichung.

Philosophen machen nicht mal Halt bei einem Verhalten, das über seine Verhältnisse denkt.

Philosophie wurde alles, was die mittleren und mittelmäßigen sind, nicht die vorersten und allerletzten Dinge.

Es geht bergauf ins Jammertal, doch der Buddhismus ist Wiedergeburtsregelung.

In der einen Hand ein Buch, in der andern Hand den Colt
Eine Hand wäscht die andere.

Man macht Massen aus Menschen, aber nie rückgängig.
Jeder Mensch muß seine Menge selbst auflösen.

Wer reden kann, wird ruhig; wer zuhört, beruhigt uns.
Nur Handlungen beunruhigen Behandelte.

Die Unterschrift jedes Artikels ist auch seine Überschrift

Meinungsfreiheit ist für alle, die nichts lernen wollen.

Utopien: Fabriken werden Fitnesscenter für die Mitte, Bibliotheken werden Wellnesscenter für Unterschichten.

Bestimmung ohne Verstimmung. Logik spricht bestimmt weder vom Unstimmten noch von etwas Bestimmtem.

Der Dienst am Kunden wird verherrlicht und beherrscht vom Be- und Verdienen.

Das Geschöpf schuf nun fast mehr als sein Schöpfer und fühlt sich mehr geschafft als geschaffen.

Mit Gottesmann und Kirchenmaus untergegangen oder mit Hampelmann und Mouseclick auferstanden?

+ + +

MU, macht die Haikuh

Die Weser fließt an
uns vorbei. - Diese Welle
bleibt stehen bei dir.

Die Selbstgespräche
der Betenden hört Gott auch.
Schreit die Mücke hier?

Dieses Weltall nur
ein Atom in Seinem Herz?
Der Regen hört auf.

"Zieh dich ganz zurück
ins Heimweh." Im Bett hab' ich
plötzlich dein Bauchweh.

Das Meer, der Nachtwind,
Fixsterne steuern. Und nun
die fixen Ideen.

Im Bett bin ich, oh,
im Himmel. Im Himmel bist
du bloß im "spacecraft".

Sieh aus dem Fenster:
Sandsturm nur und Wüste und
ein Fisch schwimmt vorbei.

Sieh aus dem Fenster:
Nur Eis und Schnee und Dunkel
und nackte Frauen.

Am Fenster ein Schreck:
Der Polarstern ist weg. - Sieh
den Käfer davor!

In deiner Hand ein Kiesel.
Sein Innres verrät
er nur dem Hammer.

In den Himmel willst?
Beeil dich. - Dein Stern da vorn
ist schon lange dort.

Wo ist das Schöne?
Hier ist nur Kot. - Mein Lieber,
dort pflanz die Rose.

Im Flugzeug seh ich
mich, und die Fliege gegen
das Fenster. Lass zu!

Brathähnchen eßt ihr
im Freien. Ein Huhn rennt her
und sieht euch stumm zu.

Schatzgräber am Werk.
In der schweren Truhe liegt
der Boskop-Apfel.

Wer schloß den Garten
Eden und öffnet diesen
Garten Epikurs?

Blattlose Buche,
gefällt. - Liegt sie im Stehen,
steht sie im Liegen?

Nicht nur im Sommer
halb Himmelblau, halb Dachgrau
im Fenster, vom Bett.

Gespatz huscht durchs Laub.
Sturm kommt auf. "Der Baum steht fest."
Das steht fest, sagst du.

Die Zeiten toben.
Vorm Himmelsgrund windlos dein
Zweig an der Birke.

Bucheckern fallen
auf dein gutes Buch. Lies sie
auf und schlag es zu.

Langsamer Wettlauf
zwischen Haus und Baum in den
Himmel. - Weg sind sie.

Reimen sich Menschen?
Auf der Ranch / hat der Mensch Kot
an seinem Trenchcoat.

Lass doch den Sittich
frei : "Gutes zu tun, tut gut."
Kalt bläst der Herbstwind.

Die Kirche steht auf
Fels Peter. Felsen zerschmeißt
Mein Wort, spricht der Herr.

Wald und Weg und Fluß
und Ferne, Stern und Buch und
du. - Papier und Stift!

Park und Bank und Stadt
und Straßen, Markt, Café und
ihr. - Papier und Stift.

Führ ein Tagebuch
über Leben, das du nicht
führst. Ein Blatt zittert.

Schlag dein Buch zu, und
der See ruht. Schlag es nie auf,
und die See geht hoch.

Rechner nehmen ihr
Bad in der Mengenlehre.
Dein See da zählt auch.

Geröntgtes Leben
führst du und fühlst das bunte
sonndurchglühte Laub?

Harter Möwenschrei
in grauer Seeluft - sage
und schreibe gar nichts.

Die windstille See.
Möwen stehn am Himmel, der
Deich wankt unterm Fuß.

Ja, Pan. Das Heu hier
duftet schwach - plötzlich nimmt der
Winter meinen Platz.

Er schlendert im Park.
Sie rast über den Rasen.
Spielen sie Frühling?

Schon lang lebst du gern
am Meer. Laut lacht die Möwe.
Du willst weg vom Rhein.

Ein komischer Kauz?
Eine weise Eule? - Das
flieht in die Herbstluft.

Taten und keine
grauen Theorien! Lies' mal
dies Buch "Vom Handeln".

Sitzt du hier, glitzern
die Wellen. Flirrt buntes Laub
im Licht, gehst du fort.

Auch ohne dich geht's -
nicht erst morgen. Blauer Frost
neckt das weite Tal.

Die Eibe hier schlägt
Wurzeln für euch, doch Ostwind
reißt und nimmt euch mit.

Herden ruhn, Hirten
am Herd. Auf Kuhweiden blickt
die Trauerweide.

Der Weg verdämmert
dort hinten im Winterlicht.
Der Kopf kann ihn gehn.

Der Wald klafft auf. Mein
Weg rollt seinen endlosen
Teppich ins Tal aus.

Ein Hohlkopf ist die
beste Höhle? Versteck dich
schnell in deinem Kopf.

Südlich fahrt ihr Berg
und Tal und seht nur Wellen-
berg und Wellental?

Im Herb'st fallen auch
deine Blätter, und manche
sind unbeschrieben.

Macht einen Marsch durch
die Marsch : Seht hoch in der Luft
den Star, der das sieht.

Ferne Wiesen ruhn
im Frühlingswind. Der Atem
reicht zum Horizont.

Ausblutender Tag -
Abendsonne zerflossen
auf glimmender See.

Rosasonnenblau
der Frühhimmel mit losen
Wölkchen hingetuscht.

Funkelnde Augen
und funzelnde Lampen nun
geben Winterlicht.

Kirschblütenland - das
Engherz entführt von heiter
schwebender Ferne.

Liebreiz - zierliche
Obstzweiglein vor schwerelos
duftender Weite.

Das große Ganze
paßt nicht in dies Röschen rein,
nein, es schimmert durch.

Zu gern trittst du auf
der Stelle und niemandem
auf die Füße, Berg.

Dieser Regen rinnt
und rauscht, er klatscht und schüttet
und löscht doch kein Herz

Helle Wollken ziehn
dich mit, doch jene kleine
Aster hält dich hier.

Der Redefluß reißt,
mündet in Meere und Seen.
Na, Stein, du bleibst stur?

Vor Schmerz versteinert
liegst du dort. "Was kostet der
weiße Brillant dort?"

Tiefe des Meeres
vom Schiff aus. - Weite der See
vom Deich aus, vor mir.

Alles umwandeln?
Da ist die Wand. - Die kann ich
ja weit umwandern.

Was säh´ der Käfer
im Gras mit meinen Augen? -
Was du im Wald siehst.

Spaziergang am Deich.
Im Meeresspiegel sieht sich
die Sonne steigen.

Nachkriegsliteratur :
Eindrücke unbekannter Leser

"Die Blechtrommel" von Günter Grass war nur im Fernsehen erträglich, im Buch kann über die ersten Seiten nur hinausgekommen sein, wer aus Danzig vertrieben ist, sonst nicht viel gelesen hat oder barocken Stil für eine Geldanlage hält. Die Sprache ist *überwertig,* der Autor macht zu viel Worte um zu wenig Wind. Für mich war der Dauerpubertant Oskar Matzerath kein vorbildlicher Antiheld, der nur entlaufenen Katholiken aus dem polymorph-perversen Unbewußten sprechen und schweinigeln konnte. Da las man lieber gleich Genet. Etwas fesselnder als das Verhältnis zwischen dem Zwerg und der Tulla Prokriefke war schon das Verhältnis zwischen dem deutschen Jungen und seinem Freund Eddi Amsel in den "Hundejahren", wo über das Vogelgescheuch geheideggert wird. "Der Butt" und "Die Rättin" wurden ganz zu Recht zurückgewiesen vom Feminismus, dem sie sich auf ähnlich impotente Weise anbiederten wie Ernst Bornemann mit seinem Über-Anti-"Patriarchat", so dass wieder viel literarischer Lärm um ein modisches Nichts entstand. Etwas lesbarer war "Das Treffen in Telgte", wo der breite Barockstil zur schmalen Erzählung gebändigt werden mußte. Sein espede-zahmes Nachkriegswerk ist und war ein großes Weltfressen für oralfixierte Nimmersatts, die den Hals nicht vollkriegen.

Wem "Die Deutschstunde" von *Siegfried Lenz,* dem Liebling der Buchhändlerinnen, im Buch zu lang dauerte, der konnte sie im Fernseher gerafter absolvieren. Da bewältigte einer seine Vergangenheit am Maler Emil Nolde, und alle Deutschen mußten dieser nationalen Pflichtübung Beifall klatschen. "So zärtlich war Suleiken" sind masurische Erzählungen, die nicht vom Grauen der Vertreibungen sprechen, sondern von einem Paradies vor der Vertreibung. Das Volk ist allerdings nicht halb so tümlich, wie Lenz weismacht, und die künstliche Naivität der Schilderung macht den Leser unter der Hand selber naiv.

Heinrich Bölls frühe Kriegserzählungen mögen wohl traumatisierte ehemalige Kriegsteilnehmer fesseln, sind aber so seicht wie sein Antikatholizismus. Gegen diesen Gegner bekommt sogar die katholische Kirche noch Recht. Bölls Reformkatholizisnus, von Chesterton inspiriert, kritisiert nicht nur ein rheinklerikales Milieu, sondern gibt christliche Essentials an den säkularen Zeitgeist unbekümmert preis. Böll verkauft seinen Opportunismus als harsche Opposition: Sein Liebäugeln mit Sozialisten zeigt einen konformistischen Nonkonformismus. Wenn die Bonner "Frauen vor Flusslandschaft" schön sind, siegt Kunst über Politik.

Wer seit langem jährlich *Martin Walsers* neuesten Roman verschlingt, hat seit "Ehen in Philippsburg" sein reines Vergnügen an blitzgescheiter Formulierungskunst des einzelnen Satzes, aber nicht an völlig fehlender Kompositionstechnik des Ganzen. Der Autor ist sich seit Jahrzehnten treu geblieben, und wer sich selbst nicht geändert hat, konnte ihm treu bleiben. Jedes Jahr erscheint das gleiche Buch mit neuem Personal und anderem Titel. Walter Kempowskis "Hundstage", Peter Schneiders "Paarungen" und auch Walsers "Ohne einander" z.B. sind amüsante Nichtigkeiten : Der tiefverlogene Zeitgeist spiegelt da ganz getreu den tiefverlogenen Zeitgeist, aber immer up-to-date, intelligent und unterhaltsam formuliert wie bei John Updike. Es ist erstaunlich, wie viele Funken sich schlagen lassen aus diesen lächerlichen Helden von Walsers Büchern, die vom Existenzkampf heillos überfordert sein wollen, den Krempel aber nicht hinzuschmeißen wagen und deshalb wie Schriftsteller reden. "Die Gallistl'sche Krankheit" war ganz gut diagnostiziert, aber die kommunistische Therapie tötete den Patienten, der immer wieder aufersteht, um auf immer brillantere Weise zu versagen. Die vielen Nieten unter den Lesern lernen in Walsers Romanen bezaubernde Diplom-Versager kennen, die ihnen das eigene Versagen erträglicher machen. Mit Walser lernt der potentielle Looser sein gefürchtetes oder gewohntes Versagen als geheimen und imaginären Sieg über die Lebenssieger genießen. Diese konkrete Lebenshilfe am gestreßten Kleinbürger will gewürdigt sein, der Leser dankt es seinem Therapeuten durch lebenslängliche Treue, und die Gewöhnungssucht nach diesen süßen Entlastungskünsten wird dann unheilbar. Anselm Kristlein, das bin ich, der sein beredtes Scheitern eloquent als kleinen Sieg über seine Sieger zu verkaufen weiß. Wer so lustig über seine Misere zu philosophieren weiß, hat sie nicht weggeredet, aber doch so komfortabel gemacht, daß er ohne sie nicht mehr leben könnte. Diese heldenhaften Fußkranken der Gesellschaft reden ihr Elend schön und die Siege ihrer Lebensrivalen herunter. Diese Literatur des Ressentiments wird ganz offenkundig gebraucht.

Das Lolita-Remake des alternden *Walter Kempowski* in den "Hundstagen" besteht aus geilen Phantasien eines alten Bocks, der Arno Schmidts Daniel Pagenstecher ähnelt. Dieses Sabbern der Schlaganfallgefährdeten nach nackten Beinen von Schülerinnen ist gar nicht tragikomisch, sondern nur infantil. Mit den "Hundstagen" bewies Kempo, was er damit widerlegen wollte, daß er ein phantasiearmer "Passeist" ist, der nur seine Jugend im Krieg beschreiben kann. In Interviews spreizt der Rostocker Reederssohn sich gern in seiner gesinnungsreinen Berühmtheit, und man muss den ehemaligen Dorfschullehrer gesehen haben, wie er sein mit Sammlerstücken vollgestopftes Anwesen den Fernsehern selbstgefällig vorführt und sich immer noch nicht gewürdigt genug empfindet. Die Femsehverfilmungen sind kurzweiliger als die zähen Riesenwälzer; "Das Echolot", nur montiert aus unzähligen Dokumenten, ist einfach zu umfangreich, um gelesen zu werden. Sein Tagebuch "Sirius" ist eine amüsante Selbstdemaskierung, aber den Sozialismus hatte der Bautzenhäftling eher durchschaut als seine linken westlichen Kollegen, die ihn bis heute unangefochten fröhlich überlebten, statt als falsche Propheten von ihren Redakteurssesseln gefegt zu werden.

Reich-Ranicki, der Literaturkritik nicht **als** Dienst an schöner Literatur betrieb, sondern als l'art pour l'art um ihrer selbst willen, hatte es gesagt : *Peter Handke* ist ohne Humor und kann nicht schreiben, und auch das tut er schlecht. Wer die Selbstentfremdungserlebnisse des

Protagonisten Keuschnig nachempfinden kann, verschlingt "Die Stunde der wahren Empfindung". Sartres "Ekel" hatte 1938 diese Art psychischer Defizite zum ersten Mal literarisch nobilitiert. Das waren "Borderline-Störungen und pathologischer Narzißmus" (Otto Kernberg), und plötzlich war die Grauzone zwischen Neurosen und Psychosen kein klinisches Fremdwort mehr, sondern völlig gesellschaftsfähig, wenigstens literaturfähig, geworden. Es war die Stunde des Neuen Sozialisationstyps, und das Zeitalter des als Edelnarzissmus verkleideten Ellbogen-Egoismus der Wohlstandsverwahrlosten hatte begonnen, zum Ende der Siebzigerjahre. Wo es nicht platt ist, ist das Journal "Das Gewicht der Welt" reizvoll. Vielleicht liegt es daran, dass der Autor es während einer lebensgefährlichen Erkrankung schrieb. Ganz unprätentiös beschreibt "Wunschloses Unglück" Handkes Mutter, die durch Selbstmord endete. (Auch *Simone de Beauvoir* konnte den Tod ihrer Mutter fast ohne die üblichen Selbststilisierungen beschreiben: "Ein sanfter Tod".)

Franz Xaver Kroetz führt den bürgerlichen Bürgerschrecks süffig das Elend des Arbeiters vor. Die Lebensmisere wird auf dem Theater zum Fall für Logopäden. Der waschechte Plebejer, urig und der Sprache nicht mächtig, ist zum Gruseln und zum Grinsen freigegeben. Da darf auch noch der kleinste Kleinbürger so etwas wie Überlegenheit genießen, es gibt immer noch Doofere. Das ist gar kein Theater für Proletarier, sondern Klassenpornographie für deklassierte Intellektuelle, die sich am tumben Sklaven aufgeilen. Für unterprivilegierte Prekarier sind Stücke von Kroetz wie Stücke von Brecht: ganz veraltet schon zur Zeit der Entstehung.

Wer eine proletarische Biographie sucht, sollte die von *Arno Schmidt* lesen. Als er den *faulen Arbeitern* seinen eigenen Sechzehnstundentag höhnisch vorhält, wurde er von linken Bürgerkindern abgestraft, die die feine Ironie nicht verstanden. Der arme verkannte Poet und seine üppigen Musen, das Paradies der Bibliotheken und die pubertätspornographische Psychoanalyse der Sprache: "Tina und die Unsterblichkeit", "Das steinerne Herz" und "Die Gelehrtenrepublik" sind übermütige Satyrspiele, die noch heute erfreuen.

"Das Gehege"? Berühmt ist *Gabriele Wohmann* beim kleinbürgerlichen Publikum als Spezialistin für dessen zänkische Alltagsmiseren, aber unverbrauchter ist heute ihr recht heiterer Künstlerroman "Frühherbst in Badenweiler" von 1978.

Uwe Johnsons Biographie ist viel interessanter als sein krauses Werk. Wenn er die Pseudolinke des Westens so harsch kritisiert hätte wie die Pseudolinke des Ostens, wäre er noch heute ganz lesenswert. "Die Jahrestage" gelten als sein Hauptwerk, aber ich bin über die ersten Seiten der vier Bände nicht hinausgekommen. Die Heldin Gesine Cresspahl ist ein Johnson in Frauenkleidern, so dröge wie er selber. Aber wenigstens war der DDR-Flüchtige lebenslang gegen Kommunismus und Sozialismus geimpft.

An *William Faulkner* fasziniert einen Pubertierenden z.B. der kastrierte Neger in "Licht im August" und der impotente Mörder Froschaug, der in "Sanctuary" ein junges Mädchen mit einem Maiskolben krude vergewaltigen läßt. Die wirrkomplizierte Erzähltechnik in mehreren Ebenen gleichzeitig ist eher verwirrend langweilig. Nach dem Krieg gehörte die Lektüre Faulkners zur deutschen Reedukationspflicht, aber wer liest heute noch, was sich in seinen Südstaatenkaffs abspielte?

Glücklich war der Büchernarr der Sechziger- und Siebzigerjahre bei den großstadtneurotischen Antihelden in den Romanen der US-Autoren *Philip Roth* und *Saul Bellow*. "Mr. Zuckerman", "Mr. Sammlers Planet" und "Humboldts Vermächtnis" unterhalten so intelligent wie die Romane von Updike, weil sie die fiktiven Biographien vertrackter Intellektueller, die sich selbst blockieren, mit mehr Tragikomik als goldenem Humor beschreiben.

Surrealisten haben mich immer so gelangweilt wie die Träume anderer Menschen. Als Sartre sie als Parasiten der von ihnen verachteten Gesellschaft abtat, konnten nicht nur Marxisten zustimmen. Traumprotokolle, wenn sie nicht gerade von Freud analysiert werden, sind die genuine Literatur der Amusischen. *Automatisches Schreiben* verrät vom Unbewußten keine größeren Geheimnisse als das Gequatsche der Schwiegermutter. Im Übrigen waren Surrealisten, Benjamin wußte es, immer nur kommunistische Edelpomographen.

Jean Pauls Romane sollten endlich als Aphorismenteppiche gewürdigt werden. Viele seiner wichtigsten Helden wie Leihgerber und Schoppe sind hochkarätige Aphoristiker wie der Autor, dessen aphoristisches Werk, eine Literaturschande allererster Güte, bis heute noch nicht veröffentlicht ist. Der Erzähler Woody *Allan* liest sich wie ein Nachfolger von Jean Paul und hat sein deutsches Pendant in der hübschen Pseudobiographie von *Gernhardt und Waechter* über "Arnold Hau".

Kafka ist der Dichter der Tolpatsche und der notorischen Versager, die ihre Selbstrechtfertigung bei ihm finden wie bei Martin Walser, der Kafka liebt. Kafka versorgt uns Nieten mit Trostgründen, weil er in unseren Niederlagen die versteckten Triumphe (und die Siege unserer Chefs als maskierte Fiaskos) sehen hilft. Seine Leser halten sich für verkannte Genies, weil noch die banalste Alltagsverrichtung ihnen zum Welträtsel wird. Der Ruhm der "Strafkolonie" beruht nicht auf den ästhetischen Vorzügen dieser Erzählung, sondern auf den elaboriert sadomasochistischen Phantasien ihrer spätpubertären Bewunderer. Ob von Kafka nun so gewollt oder nicht, die Rezeption seiner Werke hat vor allem die Ressentiments seiner Leser genährt, und mit Nietzsche ist ganz ähnlich verfahren worden.

+ + +

Fritz H. Lotterfuchs

Die Blutspende

Satirisches Gastspiel in einem Akt
der Verzweiflung

Personen:

    V : Heinrich Manke-Stollmann

    S : Walter, sein Sohn

    M : Walters Mutter

Für Heinz T.

(Eine Tür öffnet sich. Ein Stuhl wird verschoben)

S : Du wolltest mich sprechen, Vater? Ich habe wenig Zeit.
V : Guten Tag, Walter. Es freut mich wirklich, dich einmal wieder zu sehen. Auch wenn du mir das nicht glaubst, oder wenn es dir nicht paßt.
S : Du hast mich kommen lassen, und da bin ich.
V : Ich wäre zu dir gekommen, wenn mein Rheuma nicht ... du weißt schon. Ich hätte dir gern das Gefühl gegeben, daß ich es bin, der etwas von dir will, und daß du nicht zum Befehlsempfang herbeordert bist.
S : Schon gut, Vater, worum geht es? Du kennst unsere Abmachung. Wir gehen uns aus dem Wege und verzichten darauf, einander zu beeinflussen und zu überzeugen. Was willst du von mir?
V : Nichts weiter, als daß du etwas von mir annimmst, was du brauchen kannst und was ich loswerden will.
S : Soll ich dir wieder mal eine Schuld abnehmen? Bitte, Vater!
V : Ich bitte nur um die Erlaubnis, euch eine Spende zukommen zu lassen.
S : Uns ? Wer ist „uns" ? Wen meinst du damit ?

V : Na, euch vom PROJEKT NEUANFANG natürlich. Du bist doch noch dabei ?

S : Wir sind keine Geldwaschanlage für Fabrikbesitzer.

V : Dazu würde ich meinen eigenen Sohn nie mißbrauchen. Aber es ist völlig sauber. Es klebt kein einziger Tropfen Blut dran. Ehrenwort !

S : Du und Ehrenwort ! Ein allerletztes Mal, Vater : Ich will mit dir und deinesgleichen nichts zu tun haben, weder heute noch morgen. Wir haben schon oft darüber gesprochen, und wir waren uns einig, denk ich.

V : Aber ich will mich doch nicht reinwaschen, wie du das immer nennst. Es ist überhaupt keine Wiedergutmachung, die dich korrumpieren soll.

S : Was ist es dann, und was soll das jetzt wieder, das Theater?

V : Das Geld ist einfach übrig. Ich darf es nicht in die eigene Tasche stecken, und ehe ich es gemeinnützigen Vereinen und der Kirche spenden muß, gebe ich es lieber meinem eigenen Sohn.

S : Auch wenn der damit gegen seinen Vater arbeiten wird?

V : Das überlasse ich dir. Wenn du nichts gegen mich ausrichten kannst, soll es wenigstens nicht am lieben Geld liegen. Das Geld gehört mir nicht, ich darf es sowieso nicht behalten. Es gehört der Allgemeinheit, also euch. Bei dir ist es nicht in meinen Händen, aber auch nicht in den falschen Händen. Nun sei nicht dumm und bockig.

S : Warum gerade an unsere Organisation? Du mußt uns doch hassen.

V : (lachend) Das würde dir besser in dein Weltbild passen, oder? Du bist gegen mich und gegen alles, wofür ich stehe. Aber tu, was du willst, du bist mein eigen Fleisch und Blut. Vergiß das nicht.

S : Blut! Trotz aller Lippenbekenntnisse zur demokratischen Marktwirtschaft? Ich bin kein Blutsauger wie du.

V : Du bist auch nicht das PROJEKT NEU-ANFANG, du bist trotz allem mein Sohn.

S : Seit ich das weiß, versuche ich nichts anderes, als das zu vergessen und vergessen zu machen. Ich habe deinen Namen abgelegt und dein Haus verlassen und vorweg auf alle Erbansprüche verzichtet. Was soll ich denn nun noch alles tun, um deinem Einfluß zu entkommen ? — (Stolz) Wir können jetzt Hunderttausende gegen Euresgleichen auf die Straße schicken, wir können jederzeit gegen euch mobil machen.

V : Gegen mich? Ich bin nicht mehr das, was ich vielleicht einmal war, und auf jeden Fall war ich etwas anderes, als du dir vorstellst.

S : Ein Widerstandskämpfer im Untergrund, ich weiß, Vater, ein Streiter für alles Gute.

V : Das auch nicht gerade. Und ich hatte nicht mal meine Hofsklaven. Die allermeisten Regimegegner meiner Klasse waren gegen den Chef, aber hielten sich für die besseren „Holisten", für die wahren Hüter der reinen Lehre. Die waren dasselbe in Grün.

S : Dann hoffe ich nur, daß der Holismus nicht in meinen Genen steckt. Ich kann Antiholist sein, wenn du in meinem Erbteil steckst, aber wenn du dich in meinem Erbgut verbirgst, bin ich verloren. Das könnte mich zum glühenden Anhänger der Gen-Technologie machen.

V : Die sollen meinen Anteil aus deinen Chromosomen rausmanipulieren ?

S : (resigniert) Irgendwas in dieser Preisklasse, jawohl. Vater, warum willst du nicht verstehen, warum quälst du mich? Vielleicht willst du mich ja wirklich nicht bestechen, aber wenn ich ... wenn wir dein Geld nehmen, dann sind wir bestochen. Wir können doch keine anti-holistische Kampforganisation mit den Spenden eines alten Ganzheitlers betreiben. Du bist Geschäftsmann, das muß doch in deinen Schädel rein. Dein Angebot ist eine einzige Provokation. Willst du mich testen?

V : Ihr könntet es in diesem Jahr doch noch durchführen, Ich meine die geplante Sozialarbeit mit Kindern. Es stimmt doch, daß der Staat euch diesmal aus Haushaltsgründen den Zuschuß gestrichen hat? Ihr seid diesmal dem Sparstift zum Opfer gefallen, oder? Die mittelständische Investitionsförderung hat Vorrang, nicht wahr?

S : Es fehlt noch, daß *du* mit diesem Geld gefördert wirst.

V : Es ging der Firma in letzter Zeit nicht gut.

S : Aha. Und nun hat Vater Staat deine Wettbewerbsfähigkeit wiederhergestellt.

V : Na ja, ich habe eben dafür gesorgt, daß ein ausländischer Konzern uns aufkaufen wollte. Mit deren Angebot bin ich zu Vater Staat gegangen.

S : Verstehe. Und nun zweigst du einen Bruchteil der Subventionen für mich ab und klopfst dir auf die Schulter. So bleibt alles in der Sippe.

V : Ihr seid viel schlimmer als wir. Ihr bekämpft den Staat mit Staatsgeldern, ihr laßt euch den Kampf gegen die Regierung mit Steuergeldern bezahlen. Schön dumm von der Demokratie, ihre Feinde zu finanzieren. Und ihr habt Recht. Hier ist der Scheck für deine Kinderaktion, du Blödmann!

S : Was für ein Interesse solltest du haben, die Interaktionen zwischen deinen Hauptgegnern zu unterstützen? Wir arbeiten mit Kindern, damit sie nicht werden wie ihr und mal von ganz anderen Leuten lernen als euch.

V : Das ist sehr gut. Ich wünschte, ich wäre schon allein deshalb kein Ewig-Früherer, um euch besser fördern zu können, glaub mir.

S : (mißtrauisch) Tu doch nicht so, als hättest du nichts gegen uns.

V : Enttäuscht?

S : Was kannst du dir schon von unseren Aktionen versprechen?

V : Nichts für mich.

S : Wenn *du* dafür bist, als alter Holist, ob nun konvertiert oder nicht ...

V : (lacht) ... dann kann an deinen Ideen und Initiativen etwas nicht stimmen, was? Vielleicht solltet ihr noch mal gut nachdenken.

S : Du mußt doch hoffen, daß meine Pläne nicht klappen.

V : Was für Pläne ?

S : Na, eine neue Generation von Menschen zusammenzubringen und ...

V : Aber ganz im Gegenteil ! Ich möchte meinen bescheidenen Teil dazu beitragen und bin stolz, daß mein eigener Sohn eine solche humanitäre Organisation leiten darf. Du bist heute das, was ich gern gewesen wäre.

S : Ich bin so was wie dein Alibi, heh? Über mich ist die Familie sogar antiholistisch, oder? Ich bin euer nützlichster Idiot, was?

V : Es artet langsam in Verfolgungswahn aus, lieber Walter. Wodurch soll ich dir denn noch beweisen, daß ich längst nicht mehr bin, was ich schon damals so nicht gewesen bin? Warum gibst du mir keine Chance, anders zu sein, als du möchtest? Wenn es euch damals gegeben hätte, wäre ich einer von euch gewesen.

S : (höhnisch) Ja, ich weiß, im Grunde bin ich der Holist, und du warst immer dagegen von Anfang an.

V : Na, ja. Unsere jungen Hitzköpfe, was sind das schon. Antiholistisch getarnte Holisten, die Individualisten spielen. Individualismus im Kollektiv.

S : Du willst mich doch moralisch erpressen. Ich soll doch nur dastehen als einer, der den reuigen Sünder daran hindert, sich zu bessern.

V : Du siehst Gespenster, komm zu dir.

S : *Deine* Gespenster sind das. Ich kann dein Gewissen nicht erleichtern und dir keine neue Identität verschaffen. Tut mir leid.

V : Aber das will ich alles gar nicht, Walter! Ich will euch doch nur ...

S : Du willst PR für deine Firma. Man hat noch nicht ganz vergessen, wer du warst, und der Firma eines ehemaligen Majors der holistischen Armee darf es auch nicht allzu gut gehen, wenn es ihr gut gehen soll.

V : Niemand braucht zu wissen, daß das Geld von meiner Fabrik kommt.

S : Wem willst du eigentlich beweisen, daß deine Bekehrung zum guten Republikaner echt und vollständig und von Dauer ist? Mir oder dir selbst? Deinen Freunden von damals, den Tonangebern?

V : Einmal Holist, immer Holist, nicht wahr?

S : Du bist guter Demokrat, seit du gut daran verdienst. Wenn deine Firma Pleite macht, suchst du die Schuldigen wieder da, wo du sie früher auch gefunden hast, Vater.

V : Wir könnten das Geld deklarieren als Spende von unbekannter Hand.

S : Das Geld muß ja sehr heiß und dreckig sein, daß du mir keine Chance geben willst, es abzulehnen. Dann warst du das wohl auch vor einigen Monaten, der uns eine namhafte Spende ... *Der große Unbekannte.*

V : Ihr habt nicht lange gefragt, woher es kommt.

S : Ich habe nicht glauben wollen, daß du es wagen würdest. (Zögernd) Ich würde dir so gern glauben. – Aber ich trau mich nicht.

V : Wie geht es dir eigentlich? Du siehst so ... überanstrengt aus.

S : Du siehst umso besser aus wie immer. Mutter sagt, du sahst sogar bei der Apokalypse gut aus.

V : Ja, Mutter, die alte Edel-Holistin. Aber du übernimmst dich, Walter. Du willst mir und dir beweisen, daß du nicht der Sohn deines Vaters bist. Dabei bin ich seit dreißig Jahren demokratischer als die Demokraten und wähle regelmäßig die „Weissen", ohne heucheln zu müssen.

S : Ich will mit dir nichts zu tun haben. Als Sohn des alten Manke-Stollmann finde ich keine Freunde in meiner Generation.

V : Wenn du nicht der Sohn eines bewährten Demokraten sein willst, was willst du dann sein? Zweifelst du wirklich an meiner Gesinnungsänderung?

S : Es interessiert mich nicht, Vater. Meine Einstellung zu dir will ich nicht abhängig machen von dem, was gerade zufällig heute in dir vorgeht oder eben nicht. Ich muß mich orientieren an dem, was du warst — und was ihr gemacht habt und daß ihr auch heute wieder nicht in der Fabrik arbeitet, sondern die Fabrik leitet und in der Fabrik für euch arbeiten laßt wie immer und *deshalb* gute Demokraten seid.

V : Du diskutierst ja wieder mit mir. Das wolltest du nie mehr tun. — Du hattest immer Angst, daß ich ansteckend bin. Ob ich nun alter Holist bin oder guter Demokrat.

S : Wenn du Demokrat bist, dann kann ich es nicht mehr sein.

V : Immer mit deinem eigenen Immunsystem beschäftigt, mein Sohn ?

S : Ich bin nicht mehr dein Sohn.

V : Du bist und bleibst mein Lieblingskind.

S : Was auch immer ich tue?

V : Egal, was du anstellst. Du willst das Geld meiner Arbeiter nicht?

S : Nur von ihnen selbst. Wir haben gar keinen Erfolg bei den Arbeitern. Die mißtrauen uns. Was wirst du nun mit dem Geld machen?

V : Sei nicht so neugierig. Willst du hören, daß es an einen Holistenhilfsfond geht? Den Gefallen werde ich dir nicht tun, mein Lieber.

S : Wer wird also der Glückliche sein, der für dich arbeiten darf ?

V : Du zwingst mich, es den REINEN WESTEN zu schenken, obwohl die ...

S : (völlig überrascht) – den WEISSEN WESTEN?! – Das ist nicht dein Ernst. Das ist unmöglich.

V : Du kennst deinen eigenen Vater nicht.

S : Alles, um mich zu ärgern ?

V : Jetzt überschätzt du dich. Du läßt dich nicht kaufen, na schön, aber soviel ist es mir auch gar nicht wert, daß ich nun ...

S : Du läßt aber auch gar nichts aus. Du schmeißt dich an alles ran. Ausgerechnet die WEISSEN WESTEN. Aber dein einziges Prinzip war ja immer, keine Prinzipien zu haben. Alles nur strategische Bündnispolitik. Solange etwas Gewinn verspricht. Prinzipien sind Aktien für dich.

V : (lacht) Du weißt alles, was ich weiß, und du weißt es von mir. In deinem Alter wußte ich nicht halb soviel. Schade, daß du die Firma nicht übernehmen willst. Du kannst es besser als ich.

S : Besser als ihr?

V : Ihr ... ihr verpackt es besser in Prinzipien und Ideen und so. Ich fall bald selbst auf euch rein. Ihr glaubt euch selbst.

S : Du und die WEISSEN WESTEN? Es will mir nicht in den Kopf.

V : Ja, unsere Großreinemacher, die Schmutzfreien, die Aufräumer, die neuen Saubermänner des Landes, jawohl.

S : Was sollen die mit deinem Geld tun ?

V : Natürlich giftige Chemikalien kaufen und bei meinem Konkurrenten, bei Dupont, in den großen Fluss schütten und dann die ganze Öffentlichkeit alarmieren. Haltet die Verbrecher, rufen die Verbrecher !

S : Wenn du scherzt, ist es immer zum Totlachen.

V : So wird der Verdacht auf die böse Industrie und Republik gelenkt.

S : Dein Sinn für schwarzen Humor ist immer über Leichen gegangen.

V : In welcher Welt lebst du eigentlich? Blauer Himmel über grünen Wiesen und gelbe Butter für rote Backen, du Romantiker?! Diese Träumereien sind gut für die hunderttausend Mitläufer, für die Masse. Aber wir, wir müssen doch klaren Kopf behalten, damit diese ganzen schönen Gefühle uns nicht aus dem Ruder laufen, Walter ...

(Schweigen)

S : Du willst doch nicht im Ernst behaupten ... ? Wo doch die WEISSEN WESTEN die einzigen sind, die überhaupt noch sensibel sind für ... wenn es um unsere Lebensgrundlagen geht ... gegen die da ...

V : Eben! Gehörst du denn zu den WEISSEN WESTEN?

S : Natürlich bin ich bei den NATURALISTEN. Was dachtest du denn?

V : Ich hätte mir das denken können. Vater und Sohn im gleichen Boot.

S : Du?! Ich denke, du bist bei den „Blauen" versteckt.

V : Aber das sind doch nur Kehrseiten derselben Verdienstmedaille. Namen sind Schall und Rauch. Wir tauchen alle zwei Jahre unter neuem Firmenzeichen auf, verwirren die Gemüter und tauchen wieder ab.

S : Aber die WEISSEN WESTEN haben sich von den „Blauen" abgespalten und bekämpfen die bis aufs Blut. Wir sind dabei ...

V : (müde) Ja, ist schon recht. Ihr seid eine neue Generation, und ich werde dem Fortschritt nicht im Wege stehen, damit alles so bleibt, wie es ist.

S : (unsicher) Du ... du bist doch immer gegen die WEISSEN WESTEN gewesen.

V : Was kümmern mich denn die WEISSEN WESTEN, das ist Schnee von gestern. Sie haben ihre Schuldigkeit getan und können gehen. Die WEISSEN WESTEN waren dazu da, daß alle anderen Parteien WEISSE WESTEN anziehen mußten. Heute sind sie alle natürlicher als Mutter Natur selbst. Wo du hinschaust, überbieten sich alle in dieser Gefühlsduselei und Kopflosigkeit. Niemand kann es sich mehr leisten, gesunden Menschenverstand zu zeigen. Das war der Sinn der Sache.

S : Aber die WEISSEN WESTEN wollen doch im Gegenteil ...

V : Die haben schon keine Gegner mehr. Deshalb sind sie überflüssig.

S : Weshalb ... willst du dann dein Geld dem PROJEKT NEUANFANG geben?

V : Um dir zu helfen.

S : Auch gegen dich ?

V : Auch wenn ich Holist wäre, würde ich deinen Antiholismus unterstützen. Weil es deiner ist.

S : Und wenn du Antiholist wärst, würdest du meinen Holismus finanzieren. Das Blut in den Adern ist immer noch wichtiger als der Verstand im Kopf, oder wie sagt ihr?

V : Der Kopf muß gut durchblutet sein, und ein kopfloses Herz ist infarktgefährdet, denke ich mir. Aber nun philosophieren wir schon. (Lacht)

S : Immer dem neuesten Schrei angepaßt : Du bist noch immer der Alte.

V : Na, die Verkopften machen sich heute ja schon freiwillig selbst einen Kopf kürzer. Spart den anderen viel Arbeit, dieser Neue Wahnsinn. (traurig) Aber ich glaube, du willst eigentlich gar nicht, daß ich mich gewandelt habe. Oh, nein, nichts kannst du weniger wollen als das ! Es bringt deine Schwarzweißmalerei durcheinander, die du mir immer vorgeworfen hast. Ich kann machen, was ich will. — Was ich noch fragen wollte: Wo wohnst du eigentlich?

S : Portalstraße 39. Wir haben das Haus vor Monaten besetzt. Ein abbruchreifes Spekulationsobjekt. Das PROJEKT NEUANFANG hat ab jetzt seinen Sitz in der Portalstraße 39.

V : (ironisch) Und ihr habt natürlich bei Vater Staat die Erstattung der Renovierungskosten beantragt,

wie ich euch kenne.
    S : Wir nehmen ihm nur die Arbeit ab, die er zu tun hätte.
    V : Portalstraße 39.
    S : Du kennst das Haus?
    V : (zerstreut) Ja, flüchtig. – Es gehört mir.
    S : Waaas ?! - - - Wieder einer deiner dummen Witze.
    (Papierrascheln)
    V : (müde) Hier ist die Urkunde. Ich hatte sie schon rausgesucht. Ich wußte, daß wir auf das Thema zu sprechen kommen.
    S : (erregt) Natürlich räumen wir das Haus sofort. Was der Polizei nicht gelingt, hast du auf Anhieb geschafft. Das leere Haus der Väter !
    V : (zärtlich) Ich überlasse es euch kostenlos zur Nutzung. Vater Staat wird euch gleich die Instandsetzung bezahlen. Damit ihr nicht alles kurz und klein haut, und damit ihr Ruhe gebt und für Ruhe sorgt, wirft der euch beliebig viel Steuergroschen in den Rachen. Ran an die Geldtöpfe, die sind randvoll für Kultur- und Sozialpolitik!
    (Es klopft an der Tür. Die Tür wird geöffnet.)

    V : Deine Mutter! Sie hat natürlich die ganze Zeit gelauscht ...
    S : Mutter, wir sind hier gleich fertig, wir können gleich ...
    M : Entschuldigt bitte die Störung. Ich mußte gar nicht erst das Ohr an die Wand pressen, um jedes Wort zu verstehen. Ja, ich habe zugehört. Sonst erfahre ich in diesem Hause gar nichts. Dein Vater spricht seit der Apokalypse nicht mehr mit mir.

S : Laß uns bitte noch einen Moment allein, Mutter.

M : Walter, du sollst wissen, daß das Haus in der Portalstraße ...

V : Mutter, wir sind in zehn Minuten hier fertig. Bitte laß uns allein. Du wolltest doch immer, daß Walter und ich uns aussprechen.

M : Das Haus Portalstraße 39 gehörte vor einem halben Jahrhundert einem gewissen Will Dommer .... Das mußt du wissen.

V : Ich war gerade dabei, es Walter zu erklären, was damals ...

M : Das bezweifle ich sehr, Heinrich. Die Regierung hatte es Herrn Dommer entschädigungslos weggenommen und deinem Vater geschenkt für seine rege Spendentätigkeit. Ich habe auch eine Urkunde rausgesucht und gleich mitgebracht. Bitte lies.

(Papierrascheln)

M : Walter, du bleibst natürlich zum Essen, nicht wahr? Ich habe dein Leibgericht auf dem Tisch, Erbseneintopf.

V : Ja, ja, Mutter und Sohn unter einer Decke. Sie stecken unter einer Decke, wenn es gegen die Väter geht. Nur immer drauf! Der Sohn will seinen Vater loswerden, und die Frau will ihren Ehemann loswerden. Wer hat mich denn damals in die Apokalypse geschickt, um mich endlich loszuwerden? Deine Mutter war die schlimmste von allen, Walter! Heute ist sie eine Betschwester, die nur auf den Knien rumrutscht und dauernd heult und Migräne hat ...

S : Noch ein Wort gegen Mutter, und ich ... ich ... (lauter) Vater, ist diese Urkunde echt, die Mutter hier vorlegt?!

M : Überall ist zu lesen, daß hinter dem Ganzen wieder kapitalistische Spekulanten ...

V : (kälter und lauter) Nun ist aber Schluß! Schluß jetzt mit dem Gefasel, ihr beiden Hübschen! Eine schöne Koalition seid ihr. Wenn ihr euch sehen könntet: ein Bild für die Götter! Die alte Holistin und ihr junger Held mit der weißen Weste ! — Ihr wollt also die Engel sein, damit ich der Teufel bin? Brunhilde und ihr Parzifal, hah! Der Tumbe und die Frigide.

S : Aber Vater ! —

M : Laß ihn nur. Jetzt läßt er endlich mal die Hosen runter. Ich hab schon lange darauf gewartet, daß er mal die Fassung verliert.

V : Entweder ihr beide legt endlich eure Engelsflügel ab oder ...

M : Oder was ? !

V : Ihr werdet nicht auf meine Kosten die weißen Westen anziehen. Scheiße? Ja, aber ihr steckt beide mit drin. Tiefer, als ihr denkt. Tiefer, als euch lieb ist. Ich bin nicht euer Jesus Christus, der sich für euch ans Kreuz nageln läßt und eure Sünden mit in die Hölle nimmt. Ich werde Walterchen die Augen öffnen, über uns alle, damit wir alle wieder auf den Teppich ... In wenigen Minuten werden wir alle drei wieder von Gleich zu Gleich in der gleichen Scheiße ...

M : Ich glaube, ich kann euch jetzt wieder alleinlassen.

V : Du bleibst, meine Liebe. Du hast Feuer gelegt, und du wirst zusehen, wie dein ganzes Kartenhäuschen abbrennt.

M : Bei dem, was jetzt kommt, braucht ihr mich nicht. Ich könnte euch jeden Satz vorhersagen, den ihr in der nächsten Viertelstunde von euch geben werdet. Viel Vergnügen, die Herren.

(Eine Tür schlägt zu)

S : (leise) Vater! Du wolltest mir eben ... Sag, daß das Haus kein Raubgut ist.

V (kommt langsam zu sich) : Wo war ich stehengeblieben? Ja, was wollte ich eben ... Komm mal etwas näher heran, Walter, ich will dir etwas ins Ohr sagen, was du bestimmt noch nicht weißt. (Laut) Noch näher her zu mir, ich beiße nicht. Du hast dich doch immer leidenschaftlich für die dunklen Geheimnisse deiner Familie interessiert. Noch etwas dichter für den Fall, daß Mutter wieder hinter der Tür steht.

V : (flüsternd) Hat deine Mutter ihrem Walterchen je verraten, daß er der leibliche Sohn des Will Dommer ist ? — (wieder lauter) Hat sie dir das nie erzählt, die Gute? Das kann ich mir gut vorstellen, daß sie dir alles andere erzählt.

S : Du bist verrückt. Bitte, laßt mich aus eurem Ehekrieg raus. Jeder wollte mich stets als Waffe gegen den anderen benutzen.

(Schweigen)

S : Hast du dafür Beweise? Du hast doch für alles eine Urkunde!

V : Ich kann nicht beweisen, daß du nicht der Sohn von Will Dommer bist. Ich habe niemals herausgefunden, ob du mein leiblicher Sohn bist, mein Fleisch und

Blut, mein Nachfolger, mein ...
S : Aber Vater, das ist doch alles ...
V : Ja, ich habe vorhin einfach die Beherrschung verloren. Vielleicht glaubst du mir jetzt, daß ich auch nur ein Mensch aus Fleisch und Blut bin und keine Übermensch-Maschine, wie ihr immer sagt. Ihr habt ja die Emotionen nicht gepachtet, ich gebe nur nicht so an damit wie ihr.
S : Du hattest Mutter in Verdacht damals, ein Verhältnis ...
V : Deine Mutter hatte immer mich in Verdacht, daß ich geholfen hätte, diesen Dommer zu enteignen. Daß ich meine Eifersucht zum Vorwand genommen hätte, mir sein Haus unter den Nagel ...
S : Und hast du? —
V : Ich habe das aus diesem Dommer nie herausbekommen. Du kannst mir glauben, daß ich ihn ins Gebet genommen habe, daß ich den ein bißchen anders als deine Mutter befragt habe, daß ich ihn ...
S : Vater, du hast diesen Dommer doch nicht etwa ... ?
V : Oh, du glaubst also auch, was deine Mutter dir erzählt hat, was?
S : Mutter hat mir gar nichts erzählt.
V (erregt) : Oh, doch, und du glaubst ihr. Du glaubst, daß ich diesen dreckigen ... daß ich es war, der ... Sie hat dir ...
S : Ich weiß nicht, wovon du sprichst, Vater.
V : (gefährlich und leise) Es tut mir leid, aber ihr zwingt mich dazu. Deine Mutter und du. Ich wollte es dir ersparen, Walter. Ich wollte dir helfen, dich von mir abzuseilen und dein Heil weit weg von mir und meinem „Holismus" zu finden. Aber ich komme nicht mehr darum herum, dir die Augen zu öffnen.

In deinem eigenen Interesse. Ich schone mich nicht. Damit du leben kannst. Ich kann nicht zusehen, wie du Opfer deiner Blindheit wirst. Ich muß ...

S : Da bin ich aber gespannt. Beichtest du jetzt endlich deine Greueltaten, die du immer abgestritten hast?

V : Jetzt geht es erst einmal um dein Versagen, mein Sohn.

S : Du amüsierst mich. Mal sehen, wie du's diesmal schaffen willst.

V : Oh, du bist der gute Sohn deines bösen Vaters. Ihr wolltet die Herausforderung, und ich nehme sie an. Am Ende werde ich dadurch etwas besser dastehen, daß du etwas schlechter dastehst.

S : Jetzt kommt es endlich. Darauf habe ich mein Leben lang gewartet.

V : (lauernd) Umso besser. Das erspart mir die Gewissensbisse. Wie läuft eigentlich die soziale Gerechtigkeit bei euch? Ich meine Euer PROJEKT NEUANFANG.

S : Du kommst vom Thema ab. Du wolltest mir erzählen ...

V : Ich war noch nie so dicht am Thema, mein Lieber. Wie läuft es?

S : Es geht voran; langsam aber sicher. Und es würde noch besser vorangehen, wenn ihr uralten Herrschaften von früher nicht ...

V : Ich habe gelesen, daß es mit der Jugenderziehung in den Prekär-Camps in den letzten Jahren immer weniger klappt.

S : Wir werden die Sozialausgleichsarbeit noch intensivieren.

V : Die kriegen immer mehr Schwierigkeiten mit der Jugendarbeit in den Camps. Und weißt du, warum? Weißt du das?

S : Gerade du als Spezialist für Jugend wirst es uns verraten können.

V : Die Prolls haben mit ihrer Jugend nicht Schwierigkeiten, weil ihr zu wenige studierte Pädagogen hinschickt, sondern weil ihr schon viel zu viele Sozialarbeiter dort habt.

S : Die moderne Sklavenarbeit lässt sich nicht über Nacht abschaffen.

V : Glaubst du eigentlich selbst, was du sagst? Ja, ich glaube, du glaubst das wirklich. Kurzum, mit anderen Worten, Walter: Ihr arbeitet mit den Prekären, um sie besser verderben zu können. Seit ihr sie studiert, funktioniert plötzlich die Jugendentwicklung nicht mehr. Ist merkwürdig, was? Da nehmen die Störungen zu, die in der Theorie nicht vorgesehen sind. Da wird manipuliert, was das Zeug hält.

S : Du bist ja noch verrückter, als ich dachte!

V : Ergebnis: Die jungen Prekären denken um kein Deut aufgeklärter, aber die Aufgeklärten werden immer prolliger. Ein besseres Resultat kann sich ein alter Holist doch gar nicht wünschen. (lacht)

S : Wir werden die Gastarbeiter vor euch warnen, wo wir können. Wir werden ...

V : Warnen vor uns? Dann verlassen die aus Schiß vor uns wenigstens unser Land, und wir sind sie los. Deshalb warnt ihr sie ja auch vor uns. (Lacht) Ihr malt uns Teufel an die Wand, damit die Prolls von sich aus freiwillig abhauen. Oh, ihr Schlitzohren! Fein ausgeklügelt. Niemand hat sie dann rausgeschmissen, und trotzdem sind sie weg wie niemals dagewesen. Saubere Arbeitsteilung zwischen deinen und meinen Leuten.

Ohne Gesichtsverlust.

S : Du beleidigst mich nicht.

V : Jeder hat saubere Hände behalten, und ihr steht sogar noch als Gutmenschen da. Na, mir soll's ja recht sein. Nur das Ergebnis zählt. Wir müßten sie umerziehen, und ihr werdet mit ihnen auf die weisse Tour fertig. Ihr seid uns in allem über. Ihr steht auf unseren Schultern und seht weiter als wir. Ihr habt heute ganz andere Mittel, die uns damals fehlten. *Software revolution* und so.

S : Geb dir keine Mühe. Dialektik war nie eure Stärke.

V : Wir sind stolz auf euch. Wir warten darauf, daß ihr eines Tages auch auf uns stolz sein werdet.

S : Ihr habt den Boden mit viel Blut gedüngt, und wir sollen ernten, was? Aber ich bin nun bei den WEISSEN WESTEN, und wir werden nicht zulassen, daß ihr in diesem Lande je wieder ... daß euresgleichen hier je wieder ...

V : Ihr sollt euren eigenen Weg zum Holismus finden, das ist klar.

S : Glaubst du wirklich, daß wir nur dasselbe in Grün sind, Vater ? — (erregt) Und wenn ihr uns unterwandern wollt, werde ich dafür sorgen, daß du vor ein Parteigericht kommst. Ich werde sagen ...

V : (ironisch) ... daß ich ein alter unverbesserlicher höherer Holist bin und war und immer sein werde? Spar dir die Enttäuschung : Das wissen alle bei euch.

S : Das weiß niemand bei uns. Ich habe dich nie verraten.

V : Wetten, daß? Es hat sie niemals gehindert, mein Geld anzunehmen. Soll ich es dir beweisen? Ich habe Urkunden für alles im Leben.

S : (lauter) Dann werden alle ausgeschlossen, die es wußten und nicht laut Verrat geschrien haben. (denkt nach) Wir haben viel zu lange ...

V : Dann mußt du alle Mitglieder aus der Partei dieser Stadt ausschließen.

S : Ich bin der einzige, der es nicht wußte?

V : Es sieht so aus, Walter. Tut mir leid.

S : Und du? Was machst du bei uns? Du und WEISSE WESTE?

V : (eifrig) Ich war seit meiner Jugend immer gegen Baumfrevel und gegen Tierquälerei gewesen und für die Hege und Pflege des schönen Waldes. Das weißt du doch, du kennst mich doch.

S : Ja, und? — ... immer gegen die dekadenten westlichen Konsumtempel und Quasselbuden, was ?! - -

V : Na, ich meine ja nur, in diesem Punkt denkt ihr gar nicht so viel anders als wir. Natürlich gibt es Unterschiede, klar, aber ...

S : Aber du warst doch immer für das christliche Abendland ...

V : Mußten doch mit den Wölfen heulen. Wir hatten die Apokalypse verloren. Aber heute? Ihr habt das Klima verändert. Heute lassen wir uns die Bindung an eine Großmacht Stück für Stück von der anderen Großmacht abkaufen. Für teures Geld. Für alle möglichen Zugeständnisse, wenn es um die Neuverteilung des Kontinents geht.

S : Du bist ja immer noch wahnsinnig! Wir meinen das doch ganz anders.

V : Wirklich? Dann will ich nichts gesagt haben. Und ich dachte, das sei der einzige Sinn der Entspannungspolitik. Müssen wir über Politik reden, wenn wir uns zusammenraufen wollen? Scheißpolitik. Laß uns mal was anderes ... Was macht Renate?

S : Meiner Frau geht es gut, danke. Sie läßt dich grüßen.

V : Mit Renate verstehe ich mich besser als mit dir. Komisch.

S : Du meinst, sie ist eher auf deiner Seite als auf meiner.

V : (lacht) Gott, was bist du empfindlich. Ist sie auch bei den WEISSEN WESTEN?

S : Sie engagiert sich bei der GAP.

V : Du willst sagen, sie **führt** die GANZ ANDERE PARTEI in dieser Stadt.

S : Sie hat die GAP zur feministischen Partei gemacht hier.

V : Gegen das biblische Patriarchat war ich doch schon, als es den Feminismus noch nicht mal dem Namen nach gab. Weißt du das nicht mehr? Sonst erinnerst du dich immer gleich für mich mit, und wenn ich zufällig mal meine Vergangenheit gar nicht verdränge, dann bist du es, der von nichts mehr was weiß ! Ein schöner Antiholist bist du mir, weißt du.

S : Nie hab ich begriffen, wann du Ernst und wann du Witze machst.

V : (zögernd) Ich sag dir doch nichts Neues, wenn ... Du weißt doch, dass Renates Vater auch ein hohes Tier bei den Holisten war ?

S : Renate ist vielleicht noch härter gegen euch als ich.

V : Ihr Vater war ein Kumpel von mir. Renate hat wohl ...

S : Nun macht ihr euch auch noch an Renate ran, was? Laßt die Finger von meiner Frau ! Sie scheißt auf ihren Vater wie ich auf meinen.

V : Ich wollte ja nur sagen ... Du und deine Mutter, ihr zwingt mich dazu. Ihr seid keinen Deut besser als wir. Ihr seid nur eine Generation weiter (höhnisch). Naturfreunde waren wir auch. Von Frieden haben wir auch dauernd geredet. Gegen Atomwaffen waren wir, weil wir selbst keine hatten. Und von unserem Kampf gegen das biblische Patriarchat können eure Feministinnen heute noch einiges lernen. (Schweigen)

S : (laut) Ich hasse dich, weil du nicht kämpfen willst. Nun steh doch endlich einmal zu deiner Überzeugung. Oder warst du wirklich immer nur Mitläufer, wie ihr immer sagt? Lieber ein einziger aufrechter Holist als tausend von diesen ... diesen ... die sich heute an unsere Bewegungen hängen und überall mitmachen und ... überall reinschleimen, als wären sie immer welche von uns gewesen und ...

V : (lachend) Was soll ich denn machen, was erwartest du von mir? Soll ich wieder den Teufel gegen euch Engel spielen? (Hart) — Du hast mich provoziert, ich lasse nun jede Deckung fallen. Jetzt wird mal Klartext geredet, mein Junge. Hör gut zu. Es wird dir gar nicht schmecken, es ist das Schlimmste, was dir passieren kann, ich weiß : Aber ich bin leider in allen Punkten auf eurer Seite.

S : Ja, hinter deiner blauen Charaktermaske steckte schon immer ein demokratisches Gesicht.

V : Und hinter deiner demokratischen Maske, was steckt dahinter?

S : Kein Wort mehr, Vater, wenn du willst, daß wir uns im Leben noch einmal wiedersehen !

V : Du bist nicht beim PROJEKT NEUANFANG, du *leitest* das PROJEKT NEUANFANG: Manke-Stollmanns sind Promotors, darunter tun sie's gar nicht erst. Aber diesmal auf der richtigen Seite. (Ironisch) Na, dann viel Erfolg bei der Fortsetzung unseres Befreiungskampfes gegen Baumfrevler und Bibelpatriarchat, gegen Supermächte und Atomkriegstreiber. Wo wir gescheitert sind, da werdet ihr siegen.

    S : Dein Sarkasmus trifft mich nicht. Wir haben euch besiegt, und ihr seid schlechte Verlierer. Gib dich endlich geschlagen.

    V : Die Fronten laufen nicht dort, wo du sie sehen willst. Ich bin mehr auf eurer Seite, als euch lieb sein dürfte. Und dazu mußte ich gar nicht erst konvertieren und umerzogen werden. Nichts als Wachablösung der Generationen, mit frischem Nachschub.

    S : Ihr werdet uns nicht für euch einspannen.

    V . Gar nicht nötig. Macht ihr ganz von allein. Ein Mann ist der Sohn seines Vaters, wenn er gegen diesen Vater Sturm läuft. Und er arbeitet sich an ihm ab, damit er sein Sohn wird. Du meinst doch wohl nicht im Ernst, daß wir beide, du und ich ... Bekämpf mich nur schön ! Das ist der kürzeste Weg, wie ich zu werden. Nenn mir eine einzige Sache, in der ihr anders denkt als wir, und ich gebe mich geschlagen. Los, denk nach !

    S : Fehlt nur noch, daß du ... daß du den Volkszählungsbogen auch nicht ausgefüllt hast !

    V : Hab ich bis heute nicht.

    S : Du, und Boykott gegen Vater Staat ! ?

    V : Natürlich bin ich gegen diese 'Aktion gläserner Bürger'. Ich hab doch keine Lust, meine Vergangenheit durchleuchten zu lassen. Stell dir vor, die tollen Computer werten diese ganzen personellen Querverbindungen aus, unsere informellen Netze, und wo die ganzen Familien von damals geblieben sind und die Vermögen und ...

    (Schweigen)

S : Ihr ... Du mit deinen ewigen Verwirrspielen. Du drehst einem dauernd das Wort im Munde um. Am Ende weiß man nicht mehr, was man eigentlich wollte und ob man Männlein oder Weiblein ist. Ihr klaut uns sogar die Bezeichnungen für ...
V : (hart) Komm, komm zur Sache, Freundchen. Du hast mir Punkte versprochen, wo ihr ganz anders seid als wir. Komm schon.
S : Und die vielen Bürgerinitiativen ...?
V : ... gegen die industrielle Vergewaltigung der jungfräulich reinen Mutter Natur?
S : ... unterstützt du natürlich auch mit deinen Industrie-Profiten, linksaußen wie du nun mal bist !?
V : Meine politischen Freunde haben längst Strafantrag gegen Unbekannt gestellt, um dieses ganze Waldsterben zu stoppen ...
S : Kann mich gar nicht erinnern, daß deine Fabrik je naturverbunden war.
V : (geduldig) Mein alter Combattant Wildenbruch ist einer der größten 'Waldbarone' weit und breit in dieser Gegend. Kannst du dich an ihn erinnern? Er war früher oft bei uns zu Besuch. Ich will nicht wieder behaupten, Mutter sei in ihn damals verliebt gewesen. Du mußt das ja für eine fixe Idee von mir halten. Wo war ich stehen geblieben ... ? Ah, ja, Waldbaron Wildenbruch. Wußtest du, daß unser aller Wald fast ganz aus schlechtem Billigholz besteht, das auf dem Weltmarkt nichts einbringt ?
S : Ihr wollt, daß unser Wald an euren Fabriken stirbt.
V : ... damit wir an unsern Vater Staat unsere Milliardenforderungen an Schadenersatz stellen können, ja. Wenigstens gibt es dann Subventionen, um teure und profitablere ausländische Edelhölzer hier anpflanzen zu

können. Aus Sibirien. Geschäfte mit dem Osten, Entspannungspolitik. Klar?

S : (nachdenklich) Während wir also auf den Straßen demonstrieren und protestieren und die Köpfe hinhalten und uns verschleißen und ...

V : (vergnügt) ... forsten unsere Waldbarone, die reichen Wildenbruchs und Konsorten, ihren Besitz mit Steuergeldern ganz neu auf. Das ist der Sinn eurer Naturrettungskampagnen, ihr Traumtänzer!

(Schweigen)

Sohn . Nun sag nur noch, das mit dem Fluß vorhin ...

Vater : Komm, spucks aus. Wir wollen die Sache heute noch abschließen.

Sohn : Das war kein schlechter Scherz vorhin...?

Vater : (ab hier kälter und härter, als wollte er's hinter sich bringen) Keine Spur. Du siehst, ich liefere mich dir völlig aus. Du erinnerst dich an den Giftmüllskandal neulich? Deine eigenen politischen Freunde waren das, die die Giftstoffe bei Nacht und Nebel selbst in den dreckigen Fluss geschüttet haben, auf dem Gelände meines Konkurrenten Dupont.

Sohn : Das ist eine bösartige Verleumdung unserer Gegner.

Vater : Und dann haben sie am nächsten Morgen Zeter und Mordio geschrien und wieder einmal einen Skandal aufgedeckt und sind zu den Zeitungen und Rundfunkstationen und Fernsehanstalten gerannt und haben lauthals Verrat gerufen, die Tugendwächter der Nation, unsere Saubermänner und Oberverdachtschöpfer vom Dienst.

S : (verwirrt) Aber weshalb denn ... Das gibt doch gar keinen Sinn.

V : Nun denk doch endlich mal nach, mit dem Kopf statt mit Bauch und Gefühl. Tust du nur so blöd, oder bist du wirklich eine solche Schlafmütze ! *Mein Sohn* ! Du Kindskopf: Wenn die Umwelt noch nicht zerstört genug ist, wenn Mutter Natur noch nicht schlapp genug gemacht hat, um sein politisches Süppchen drauf zu kochen, dann muß man eben etwas nachhelfen. Wenn wir auf den nächsten Industrie-Unfall nicht ewig warten können, müssen wir ihn eben selbst inszenieren. Na, — Groschen gefallen?! Willst du mir wirklich weismachen, daß du so naiv ... Ich schäme mich für dich. Hoffentlich gibt es ein paar Köpfe bei euch, die vor lauter NEW AGE und Meditation und Comix und Yoga noch nicht ganz den Verstand verloren haben !

S : Du Schwein du !

V : Ja, die Operation tut weh, wenn sie das Leben retten soll. Schrei nur, das tut gut. Und wenn die Atomreaktoren in nächster Zeit nicht oft genug ganz von selbst explodieren, dann muß man da eben ...

(Schweigen)

S : (unsicherer Hohn) Und in Tschernobyl waren natürlich auch nur eure Saboteure am Werk, oder?

V : Na, endlich! Unsere Freunde, die Schachweltmeister, haben mal ein bißchen Radioaktivität rübergepustet nach Westeuropa.

S : Wozu soll das denn nun gut ... ?

V : Bisschen Panik machen. Bisschen gezielter Terror. Gab euren müden Bewegungen hier wieder ein bisschen Auftrieb. Bruderhilfe von drüben. Schwächt die demokratischen Quasselbuden hier. Ein Skandal jagt den anderen. Und wir haben immer unsere Hand im Spiel. Pardon : *Ihr* mischt immer kräftig mit. Atome, Strahlen, Gifte, sowas macht das Volk verrückt. Bis der Ruf nach der starken Hand kommt. Dann sind wir da. Dann sind wir zur Stelle. Zusammen mit euch.

(Schweigen)

V : (trommelt mit den Fingern ungeduldig auf den Tisch) Komm, mach schneller, wir haben keine Zeit mehr. Noch mehr künstliche Barrieren zwischen uns beiden zum Wegräumen? Komm, beeil dich!

(Es klopft an der Tür)

M : Walter! Heinrich! Das Essen wird kalt! Kommt, meine beiden Männer! Seid ihr noch da? Nun vertragt euch endlich und kommt!
V : Es dauert nicht mehr lange, Mutter! Wir wären längst mit dem Essen fertig, wenn Walter nicht so begriffsstutzig wäre.
M : Nun quäl den Jungen doch nicht so. Es ist meine Schuld. Ich hätte ...
V : Schon gut, Mutter. Die Konferenz ist gleich beendet. Die Familienzusammenführung ist in vollem Gange. Gleich feiern wir die Heimkehr des verlorenen Sohnes mit deftigem Eintopf. Los, Walter, noch was unklar? Mutter wartet auf dich.

(Schweigen)

S : (immer unsicherer) Und du hast mit deinem Geld ... ?

V : Ja, ja, auch die letzte Giftmüllaktion ist mit meinem Geld finanziert. So wird die Öffentlichkeit gegen die demokratisch gewählte Regierung aufgehetzt. Alle Medien sind auf unserer Seite. Keiner fragt dazwischen. Alle freiwillig gleichgeschaltet. Da sagt jeder : Diese schlappen Demokraten mit ihrem ewigen Gesabbel und Gezänk werden mit solchen großen Notständen eben nicht fertig. Gegen die Atomstrahlen aus Übersee und gegen den toten großen Fluss, da helfen nur wir. Wir lassen uns gern wieder rufen. Inzwischen etwas Imagepflege und neue WEISSE WESTEN. Unsere Rekonvaleszenz ist beinahe ganz abgeschlossen. Wir sind die Feuerwehr.

S : Die Brandstifter als Feuerwehrmänner? Ihr gehört zu den WEISSEN WESTEN?

V : Die WEISSEN WESTEN gehören zu uns. Die GAP, das sind wir. Immer neue Verkleidungen, immer neuer Mummenschanz, immer neue Schnitzeljagden. Keiner blickt mehr durch. Wir haben dazugelernt.

S : Wir ... wir treiben eure Politik? —

V : ... indem wir eure Politik treiben, ja. Heute wetteifern alle Gruppen, wer sauberer wäscht. Jede Weste ist weißer als die andere.

S : Ihr seid die blauen Flecken auf den WEISSEN WESTEN.

V : Unsinn. Ihr seid die weißen Flecken auf den blauen Hemden.

S : Aber die Massen wählen die alten Arbeitnehmerparteien. Die tragen keine WEISSEN WESTEN. Die wählen weiter rot. Oder wenigstens rosa.

V : Kapierst du denn nicht ? Erst haben wir die WEISSEN WESTEN zugeschnitten, damit alle, die IN sein wollen, weiße Westen sich anziehen müssen. Wer kann es sich noch leisten, ohne WEISSE WESTE auf

Wählerfang zu gehen? Die Linken waren unser Ziel von Anfang an. Wir müssen an die Massen ran, an das Volk. Die WEISSEN WESTEN haben die Roten auf unsern Kurs gebracht. Klar? Guck dir doch mal die neuesten Programme an : Dritter Weg zwischen Ost und West. Abkoppelung vom westlichen Bündnis der Republiken. Geschäfte mit dem Iwan, wenn der sich auf demokratisch schminkt und konkurrenzfähig geworden ist. Wenigstens gesellschaftsfähig. — Aber Schluß jetzt mit der Politik. Sonst noch was unklar?

M : (aus dem Hintergrund) Walter ! Heinrich !

V : Geh von den WEISSEN WESTEN zum Roten Osten : Wir sind schon da.
S : Nur deine Arbeiter lassen sich diesmal nicht mobilisieren.
V : Das Ganze bleibt wohl erstmal eine Mittelstandsgeschichte, kleinbürgerlich. Aber es geht hier nicht um Ost und West, sondern um Vater und Sohn. Walter, wollen wir nicht endlich ...
S : Ihr seid wieder überall?
V : Überall und nirgendwo. Na ja, eben die „Systemkritiker" anno 2000 und anno dunnemal.
S : Ihr seid gerade da, wo eure Gegner vermutet werden.
V : Wir sind schlauer geworden.
S : Ihr habt schon nichts mehr gegen euch. Ihr habt schon alles ... ?
V : Alles in welscher Hand.
S : Es gibt keine Möglichkeit, euch zu entkommen in diesem Land?
V : Das Volk hat selbst Schuld. Es ruft uns, und wir gehorchen nur. Die Bevölkerung hat uns verdient.

Die Warnungen aus dem Ausland, wer hört da schon hin?
S : Ich habe das ganze Leben versucht, anders zu werden als du.
V : Hast immer auf das gestarrt, was ich tue, und dann das Gegenteil gemacht, nicht ?
S : Da hätte ich ja gleich Holist werden können.
V : (zärtlich) Aber die gehören doch nicht zu uns, Walter. Das sind dumme Jungen. Auf die hetzen wir die Presse, um von uns abzulenken. Wenn wir als gute Demokraten dastehen wollen. Sie sind die Jungen für das Gröbste, und wir bezahlen sie.

(Schweigen)

V : (besorgter) Walter ? – Warum sagst du nichts? Komm, Junge. Du gibst doch noch nicht auf, oder? — Was ist los?
M : Nun ist das Essen aber endgültig kalt geworden. Ich wärm das nicht wieder auf, ihr verdammten Streithähne!
V : (unsicher laut) Mensch, Walter, nun wehr dich oder gib auf!

(Quälende Pause)

S : Dann will ich ...
V : Alles, was du willst, mein Junge.
S : Dann war alles umsonst. Dann ist alles zu Ende.
V : (eifrig) Ganz im Gegenteil. Jetzt fängt der Spaß doch erst an. Nach Jahrzehnten im Untergrund kommen die Ratten wieder ... wieder ans Tageslicht, und jeder tut so, als würde er uns nicht erkennen. Jeder tut so, als hält er uns für unsere Totfeinde. — Walter!

Die einzigen, die im Lande heute noch wirklich gegen uns sind, sind die, die die Bibel richtig lesen können, und das sind nicht mehr viele. Der Rest gehört uns schon wieder.

 S : (gebrochen leise) Je mehr ich gegen dich unternommen habe, umso mehr bin ich dir ähnlich geworden? Ich hätte leben können, wenn ich über dich hinausgekommen wäre. Aber so ... Ich fühle, daß du recht hast. Ich kann wenigstens nicht mehr beweisen, daß du nichts als ein alter Spinner bist, der sich wichtigtut. Einer von uns beiden hat Verfolgungswahn. Aber wenn du recht hast, dann will ich nicht ... dann kann ich nicht ... nicht mehr leben.

 V : (panisch) Walter, bist du verrückt! Weg mit dem Revolver! Ich befehle es dir! — Du bist ja ... du wirst doch nicht ... ?

 S : Alles, was ich tue, nützt euch, sagst du?

 V : Du wirst doch nicht dein Leben zerstören, indem du deinen Vater ...

 S : Umgekehrt : Ich werde dein Leben zerstören, indem ich mich selbst ...

 V : N-e-i-n ! ! Laß uns reden! Ich habe gelogen: War alles doch nur ein Scherz!

 S : Bleib mir vom Leibe, oder ich nehme dich mit. (Ruhig) — Es gibt nur einen Weg, euch ins Herz zu treffen. Ich muß dich in meiner eigenen Person treffen, oder ich treffe dich nie. Du ... du warst es, der mich dazu getrieben hat, zu den WEISSEN WESTEN zu laufen! Du wolltest selbst, daß ich ein Saubermann werde. Ich sollte glauben, daß ich so dein Todfeind bin. — In diesem Land gibt es nur noch die von Früher. Einst werden die kommen, die einst gingen, hieß es mal. *Vor* euch gab es ja auch noch einige andere. Heute gibt es nur noch dich und

...
    V : Hör zu, Walter, du verstehst es immer noch nicht. Du ...
    S : (sanft) Verstehen ? — Daß ich immer, immer ein Holist war wie du? Ihr wart die Grauen Eminenzen im Hintergrund, und wir waren die graue Masse für euch, die Manövriermasse, die Exekutive auf der Straße. Du bist der wahre Naturschutzheilige von heute!
    M : Walter ! Heinrich ! Renate kommt gleich ! Macht mal endlich Schluß !
    V : An den Greueln während der Apokalypse damals war ich unschuldig.
    S: Aber nicht am Schicksal deines Sohnes. Ich war dein Produkt, als ich glaubte, dein Gegner zu sein. Hier im Land muß man sich selbst umbringen, um kein Holist zu sein. Wer hierzulande überlebt, ist ein Holist. (Lacht) Hoffentlich verfallt ihr nicht auch noch auf diese Masche und tarnt euch mit der Bibel!
    V : Wie du mich das ganze Leben geliebt haben mußt! — — Armer Junge.
    S : In mir wolltest du überleben, ohne daß ich etwas merkte? – Ich werde die Kette der Gewalt und Gegengewalt und der Sippen zerreißen. Nur eins hätte ich noch gern gewußt.
    V : (demütig) Ich war immer offen zu dir. Bestraf mich nicht dafür.
    S : Du warst immer ehrlich mit mir? Kein Stein in deinem Spiel? — Du warst doch schon gleich nach der Apokalypse einer von diesen Wehrdienstgegnern, oder ?
    V : Ja, ich war Demokrat geworden, ich habe meine Fehler eingesehen.

S : (triumphiert) Also waren schon die Wehrdienstgegner der ersten Stunde nicht ganz clean? Na klar!

V : Laß dich leben. Erschieß mich. Ich will nicht mehr. Bestraf mich!

S : Dich bestrafen? Was für eine Schmierenkömödie!

V : Schieß, bevor Mutter und Renate kommen!

S : Mach dir nicht in die Hosen, Vater! Ich verurteile dich zum ewigen Weitermachen.

V : Walter !!

M (von draußen) : Heinrich !!

(Schuß)

(Eine Tür wird aufgerissen)

M : Du hast ihn umgebracht! Du hast noch den Revolver in der Hand! Meinen einzigen Sohn! Deinen einzigen Sohn! Oh, Heinrich, genau so, wie du diesen Will Dommer damals vor fünfzig Jahren .... als ich ...

+ + +

Philosophischer Gehalt in literarischer Gestalt

Odo Marquard schrieb : »In dieser Form also - als Sinn für die Zugehörigkeit des Ausgeschlossenen - bleibt die Philosophie der Sinn für das Ganze als Sinn für (kompensierende) Ergänzungen; und ihre Vernunft ist - just so, wie das Lachen, das ebendarum erleichtert - der Verzicht auf die Anstrengung wegzusehen.« (»Skepsis und Zustimmung«, Stuttgart 1994, S. 20) Das erinnert an Freuds Bestimmung des Witzes als »ersparter Hemmungsaufwand«: Das Verdrängte wird ins Bewußtsein, das Ausgegrenzte ins Ganze zurückgeholt, aber das Eingeschlossene als Kehrseite davon auch aus Zwangsintegrationen ganz befreit. Kurz: Ausgerechnet der gnomische »Feilstaub« *(Jean Paul)* wird zum Anwalt des wahren Hegelschen Ganzen.

Bonmots : Für Hegel sind sie geistlos und gottverlassen, subjektiv und verrückt, nichtig und wesenlos, soweit sie sich nicht als innere Momente und Gelenkstellen des Systems verstehen lassen. Der Aphorismus als geistiger Antichrist dokumentiert und spricht über die Unversöhntheit von Gott und Welt. Dadurch hat er etwas Biblisches an sich, denn auch die Erzväter hielten Gott und die Welt, Begriff und Individuum, für unversöhnt, solange der Messias noch nicht da ist. Für Hegel ist mit dem Christentum der Aphorismus Heraklits im dialektischen System voll integriert, aber der ironische Aphorismus Schlegels ist so frei, diese Integration stets zu dementieren, und deshalb gilt ihm Hegels dämonischer Haß. Schließlich genügt es Hegel, daß Schlegel vom Protestanten zum Katholiken konvertierte, um ihn zum Antichristen schlechthin zu befördern. Nicht das marxistische Motiv des Materiellen, sondern das verstockte frühromantische Fragment, das sich der Systematisierung hartnäckig verweigert, avanciert zum dialektischen Prototyp des egoistisch Bösen und Frivolen. Hegels »faule Existenz«, die keine vernünftige Wirklichkeit werden will, wird bei Marx proletarisch fleißig, aber der verrückte und gottlose Aphorismus nimmt keine Vernunft an. Hegel konstruiert ihn als das »Nichtige schlechthin«, als das absolut Gottferne spielt er im Stück die Rolle des verurteilten Schurken und abschreckenden Beispiels. Der empiristische Aphorismus in seiner positivistischen Negativität transzendiert stets das dialektische System, wie er in der Renaissance das scholastische System gesprengt hatte, aber nicht die Religion.

Wenn Adorno den existenzialistischen Subjektivismus kritisiert, dann auch deshalb, weil der Aphorismus die exaltierteste Subjektivität nur benutze, um den Vorrang des Objekts zu erweisen, die unbefangene Lebenserfahrung und den leiblichen Impuls, aber auch umgekehrt die Objektivität nur dazu verpflichte, die individuell extravaganteste Subjektivität freizusetzen. Es ist kein Zufall, daß Hegel sein leidenschaftlichstes Verdammungsurteil gegen die Frühromantiker gerade in seiner Rechtsphilosophie ausstößt. Er schwankt, ob er auf gewaltverbrecherische Willkür, sittenverderbende Frivolität oder unzurechnungsfähigen Wahnsinn plädieren soll. Aphoristik habe weder »Recht« noch Anspruch, als richtig anerkannt zu werden. Was Hegels Dialektik wiedereinfangen will, sind nicht nur die potentiell unendlich vielen empirischen Befunde der Einzelwissenschaften, sondern auch und vor allem auf weiterer Reflexionsebene die

Fragmentierungen der frühromantischen Ironie, die alle Vermittlungen parodiert. Ihm geht es um die *vernünftige* Bändigung eines Individualismus zweiter Ordnung, der in »schlechter Unendlichkeit« nicht nur die materielle Welt atomistisch, sondern auch die geistige Welt aphorismusmonadisch zerspelle. Hegel ist nun keine Synthese vom subjektiven Fichte und objektiven Schelling. Tatsache ist, daß seine Dialektik die Einseitigkeiten des Subjektivismus einer romantischen Ironie, des politischen Ellbogenliberalismus und des positivistischen Objektivismus der Einzelwissenschaften *aufheben* wollte. Aber sein Vernunftsystem wurde dann gesprengt sowohl vom aphoristischen Individualismus wie vom naturwissenschaftlichen Fortschritt. Nichts deutet darauf hin, daß beides sich noch einmal dialektisch wiedereinfangen läßt, auch nicht von physikalischen »Weltformeln«. Hat das frühromantische Fragment Hegels Wissenschaft der Wissenschaften schon hinter sich oder noch erst vor sich? Schlegel war zu subjektiv für jenen Hegel, der seinerseits zu subjektiv war für Adorno, also war Fichteaner Schlegel für Adorno noch subjektiver als Hegel und damit kein möglicher Bündnispartner gegen die Hegelianer. Mit Marx ging Adorno materialistisch gegen Hegels Geistesmetaphysik und mit Nietzsche aphoristisch gegen den Machtwillen von Hegels »Zwangssystem« vor. Gegen den Wahnsinn totaler Rationalisierung bot er die größere Vernunft jenes Wahnsinns auf, den Hegels Vernunft in den frühromantischen Fragmenten angriff.

Es gibt zwei Funktionen des Aphorismus bei Hegel, den ironischen Subjektivismus frühromantischer Fragmente, die Hegel in sein System aufhob, und die postsystematische Schlußsynthese aller Synthesen, die er oft schon vor dem Schluß zog und im Aphorismus nicht erkennen oder anerkennen wollte. Neophänomenologe Schmitz warf Hegel vor, über Dialektik selber immer wieder undialektisch zu sprechen, so daß die Urteile über dialektische Selbstaufhebungen sich nicht dialektisch selbst aufheben. Diese meta-dialektischen Urteile über Dialektik sind aber vorweggenommene Schlußsätze. Hegel sah in Aphorismen nur präsystematische Objektivitätsdefizite, die ihn an Schlegel und Novalis so störten, daß er, betroffen vom ironischen Unbetroffensein, sie zur geschichtlichen *List der Vernunft* objektivierte. Im Aphorismus fürchtete Hegel viel zu sehr den Rückfall in Schlegels Subjektivismus, als daß er ihn als postsystematische Synthese aller Synthesen und Antithesen hätte dulden können, und Adorno fürchtete im Aphorismus umgekehrt so sehr diese postsystematische Abschlußsynthese, daß er ihm nur die negativ-dialektische Antithetik reservieren konnte. »Wittgensteins philosophischer Stil ist nicht kontingenterweise, sondern von Natur fragmentarisch-apercuhaft ... Zum Unvermögen, die faktisch vorliegende oder vermutete Kohärenz der Fragmente als solche darzutun, tritt bei Wittgenstein wie bei Schlegel und Novalis der Zweifel an der systematischen Beherrschbarkeit der Einzeleinsichten und der irreduzibel plural auftretenden Sprachspiele hinzu.« (Manfred Frank: »Stil in der Philosophie«, Stuttgart 1992, S. 105)

»Poesie und Philosophie sind gleichberechtigte Eltern des Aphorismus. Von der Philosophie hat er das Gebot des präzisen Denkens, von der Poesie das Gebot der präzisen Form geerbt ... Der Aphorismus unterscheidet sich oft von der philosophischen Definition eben nur durch seine künstlerische Mehrdeutigkeit.« (Gabriel Laub: „Denken verdirbt den Charakter", München 1984, Seite 200)

Kehrseiten derselben Siegermedaille : Der Aphorismus verbindet Unvereinbares wie Hegel und trennt Identifiziertes wie Adorno. Er ist seit Jean Paul der geistige Geschlechtstrieb, denn jeder scheidet inzüchtige Verwandte und paart unverträgliche Partner. Man kann auch sagen, daß er Falsches und Kaputtes geschickt zerlegt und besser neu zusammenfügt. Die Monadologie von Leibniz erlaubte es sogar, aus Fragmenten der Schöpfung eine neue Schöpfung synthetisch herzustellen und nicht nur wie Descartes sie durch Rekonstruktion aus ihren Elementen besser verstehen zu lernen. Der Aphorismus repariert Dinge und Staatskörper seit Bacon und heilt Menschen seit Hippokrates.

Eine gemeinsame Aphorismus-Theorie müßte mindestens folgende Konzepte in sich vereinigen: 1) Witz als »ersparter Hemmungsaufwand« (Freud) 2) Nichtidentität des Individuums mit begrifflicher Systematik (Adorno) 3) Metasprung von einem in ein anderes Bezugssystem 4) »Witzverhalt« als affektive Verschmelzung des rational Unvereinbaren (H. Schmitz) 5) Ideologiekritik: Konvergenz der Denotationen bei Divergenz der Konnotationen o.u. (P. Krupka), 6) »Inkongruenz« von Objekt und seinem Begriff, von Anschauung und Vernunft (Schopenhauer). Das vom Über-Ich repressiv Getrennte darf sich erotisch lustvoll vereinigen, springt also vom listig umgangenen *System vbw* in das *System ubw*. Die »Nichtidentität« mit dem »System Bewußtsein« ist sexuelle Vereinigung des vom Überich *vernünftig* Getrennten: Der Witz erspart den *Hemmungsaufwand* des *Systems bw*, überläßt sich dem *System ubw*, genügt dem kritischen Über-Ich-System nur zum Schein und erzeugt sinnlichen Sinn im logischen Unsinn.

Hegel reservierte ja für sich die höhere Vernunft des »übergreifend Subjektiven« und wies seinem Intimfeind Schlegel die niedere Vernunft der »einseitigen Subjektivität« zu. Im romantischen Fragment wehrte Hegel sowohl die einseitige Subjektivität der »frechen Ironie« ab als auch die einseitige Objektivität der gottverlassen »faulen Existenz«. Seine Vernunft will nicht zerfallen in Bruchstücke, deren jedes ganz auseinanderfällt in irreale Begriffe und unbegriffene Realität, in sinnloses Sein und seinslosen Sinn, in aktionistische »Tathandlungen«, die den Tatsachen widersprechen, und »faule Existenzen«, die ihrem Begriff nicht entsprechen. Das Vernünftige sei wirklich und das Wirkliche vernünftig, sagt Hegels Rechtsphilosophie, aber nicht alles, was existiere, sei deshalb auch schon wirklich, fügt er hinzu. Hegels „faule Existenz", die sich keiner rationalen Realität befleißigt, ist in Bacons Aphoristik-Empirie gut *aufgehoben* und wird dorthin abgeschoben. Sie wird dann Adornos »Nichtidentisches« und Heideggers »jemeinige Existenz«, die der „Hure Vernunft" davonläuft in die Arme der Mutter Natur hinein. Die paradoxen Vereinigungen des Unvereinbaren sind bei Kant nur im Verstand und bei Hegel auch und gerade in der sinnlich erfahrbaren Sache selbst, als der Witz bei der Sache. Von der analytischen Sprachgebrauchsphilosophie trennt den Aphorismus, daß er Sprachpointen immer auch als Sachpointen versteht.

Heute gilt es eher schon als philosophiegeschichtliche Trivialität, daß Hegels »Enzyklopädie« primär die Explosion der positivistischen Empirie rational reintegrieren wollte, aber dabei wird meist unterschlagen, wie sehr diese Enzyklopädie nicht nur im 19. Jahrhundert fortschreiben wollte, was die analytische Vernunft der französischen Enzyklopädisten des 18. Jahrhunderts geleistet hatte, sondern auch und vor allem eine philosophische Antwort sein wollte auf das neue Paradigma der durch „romantische Ironie" unabweislich gefährlich gewordenen Freisetzung nicht nur der allgemeinmenschlichen Subjektivität des kantischen Liberalismus, sondern auch der „jemeinigen" Willkür in Fichtes Philosophie der durchemanzipierten Einbildungskraft, leibhaft Unvorhandenes sich zu vergegenwärtigen. Nach Hermann Schmitz gibt es eine Geschichte der den objektiven Tatsachen »entfremdeten Subjektivität« von Fichte über Schlegel und Novalis, Hegel, Stirner, Schopenhauer und Nietzsche bis zu Wittgenstein. Also müßte hinter Fichte zurückgegangen werden auf Kants noch unentfremdete Subjektivität. Folgenreich wurde der marxistische Angriff auf Hegels Idealismus, aber nicht Marx, sondern Adorno rehabilitierte die von Hegels idealistischer Dialektik entschärfte aphoristische Ironie der Frühromantiker. Nach Hegels Tod siegte der positivistische Empirismus der Naturwissenschaften über alle Versuche, ihn dialektisch zu bändigen, und befreite die nachsokratischen Fragmente gleich mit, die für Hegel viel zu subjektiv - und zu objektivistisch - gewesen waren.

Die Aufsplitterung der Geistesphilosophie in Einzelwissenschaften wie der ohnmächtige lebensphilosophische Individualprotest dagegen ist eine Signatur der Neuzeit.

Der existenzphilosophische Subjektivismus (Nietzsche, Dilthey, Bergson, Jaspers, Heidegger, Sartre) des Einzelnen und die überfragmentierten Einzelwissenschaften sind idealistisch nur wieder einzufangen, wenn zurückgegangen wird an den Punkt, wo sich deren Wege trennten. Die rationalistische Monadologie von Leibniz und der empirische Pointillismus Humes verbanden sich in Kants Kritizismus, aber Kants Idealismus zerfiel in so viele aphoristische Ideen wie die transzendentale Subjektivität in individuelle Subjekte. Empirisch zersplitterte Einzelwissenschaften und der lebensphilosophische Protest des Einzelnen dagegen ließen sich zwanglos heute nur noch aphoristisch wieder zusammenführen, weil sie aus den vergeblichen Anstrengungen, den aphoristischen Empirismus zu bändigen, philosophisch erst virulent geworden waren. Die Aufklärung gipfelte in Kants Autonomismus der menschlichen Willensfreiheit: »Der Wille ist nichts anderes als praktische Vernunft.« »Nichts ist in der Welt, was ohne Einschränkung für gut könnte gehalten werden, als allein ein guter Wille.« Der kategorische Imperativ lautet: »Ein freier Wille und ein Wille unter sittlichen Gesetzen ist einerlei.« Auch bei Fichte ist nur ein Wille gut, dessen Maxime verallgemeinerungsfähig ist, aber zu allen Zeiten eines jeweiligen Individuums und nicht mehr für alle Menschen gilt. Aus Fichtes Ermäßigung von Kants Autonomismus entstand die frühromantische Willkür, die Hegel in seiner Rechtsphilosophie als das vermeintlich Böse verurteilte: »Jeder wird zunächst finden, von allem, was es sei, abstrahieren zu können und ebenso sich selbst bestimmen, jeden Inhalt durch sich selbst setzen zu können ...« (Anmerkung § 4). Hegel wollte die existenzielle Willkür der frühromantischen Ironie *und* den Positivismus der einzelwissenschaftlichen Erfahrungstatsachen durch dialektische Systematisierung vermittelnd wieder einfangen, ohne ihre epochale Modernität rückgängig zu machen.

Subjektive Ironie und objektive Empirie emanzipierten sich aus Hegels Staatsfrömmigkeit in den aphoristischen Paradoxen, bei Kierkegaard allerdings nur in Sätzen von der Art paradoxer Sprünge ins Christentum wider alle niedere und höhere Vernunft. Kierkegaards existenzphilosophischer Protest gegen Hegels Systematik war ein Rückgriff der »entfremdeten Subjektivität« auf die frühromantische Ironie. Adorno, dessen Rettung des Individuums vor der Allgemeinheit eine Rettung des Einzelaphorismus vor geistigen und sozialen Zwangssystemen war, warf der Existenzphilosophie eine »entfremdete Subjektivität« vor, in die die ausgeblendeten objektiven Tatsachen hinterrücks wieder einschlagen. Sartre, der letzte Frühromantiker und erste Postmoderne, nennt alles unaufrichtige *mauvaise foi*, was diese Willensfreiheit leugnet, während Schopenhauer sich als Spielball eines allgemeinen Weltwillens sah, den er als sexuellen Gattungstrieb abwehrte und Nietzsche als Machtwillen mißdeutete. Das »objektiv Wißbare« und die »existentielle Selbstvergewisserung« ergänzen einander – Jaspers knüpft an beim Aphoristiker Nietzsche und bei jenem Kierkegaard, der die aphoristische Empirie und Ironie aus Hegels totalem Weltvernunftsystem befreite. Der Aphorismus hat die vielen Einzelwissenschaften, deren Hegelsche Systematisierung und den lebensphilosophischen Einspruch dagegen hinter sich und spielt nur noch mit diesen alten Parteien. Aphoristik hat sowohl die wissenschaftliche Abbildung als auch künstlerische Einbildung schon hinter sich und spielt nur noch mit deren Konflikten. Hegels Dialektik war ein listiger Versuch, systemsprengend unmethodische Aphorismen und Fragmente gerade zu Systemmotoren zu machen. Das ist, als wollte man ein Gedankengebäude ganz aus Tretminen errichten. Adornos *Kritische Theorie* überlebt in dem Nachweis, daß dieser Versuch scheitern mußte.

Philosophie sollte aus der Not, diese windigen Gesellen nicht zu guten Mitarbeitern zähmen zu können, wenigstens die Tugend machen, von diesen methodischen Problematisierungen aller methodischen Zurüstungen zu profitieren. Die Leichtigkeit, mit der diese lebenserfahrenen Paradiesvögel den unbeholfen pedantischen Argumentationsritualen davonstieben, macht den Philosophen das Leben schwer. Sie sind wendiger und entwischen den verfetteten Paradigmen des Betriebs blitzschnell. Aphorismen wollen und können die Methoden der Philosophie nicht ersetzen, aber als kritische *fellow travellers* begleiten. Kurzum: Es sollte nicht nur *dumme Sprüche* geben, sondern wieder mehr philosophische Aphorismen und gnomisches Philosophieren. Es handelt sich um eine traditionsreiche philosophische Form, die sich streng philosophisch begründen läßt, obwohl jeder Aphorismus selbst gerade darin besteht, die Begründung seines Geltungsanspruchs seinen Lesern zu überlassen.

Die Vorsokratiker besaßen noch Bruchstücke eines vorzeitlichen Wissens, nach dem die Philo-Sophen nur noch trachten, ohne es mehr ganz zu verstehen. Philosophie ist der Versuch, das kosmische Wissen zu rekonstruieren, von dem die halbverstandenen Vorsokratiker noch Fragmente überliefern. Ex Oriente Lux: Griechische Philosophie war kein originärer Anfang, sondern Grübeln über die Rätselruinen jahrtausendealter mündlicher Überlieferungen aus dem Orient. Man sagt, Aphorismen seien zusammen mit den Systemen obsolet geworden, aber es gibt auch nach den großen Systemen immer wieder allesbeherrschende philosophische Methoden, deren paradigmatische Deutungsmonopole gerade essayistisch und aphoristisch unstrittig bleiben. Ihre periphere Stellung macht Essay, Fragment und Aphorismus zu Opfern einer marginalisierenden Verdrängung. »Gnome« war einmal das griechische Wort für Erkenntnis(theorie). Hegels Dialektik bezog ihre Macht ja nicht zuletzt daraus, das Systemsprengende selber für das System arbeiten zu lassen, und Adornos Philosophie sollte endlich begriffen werden als prinzipieller Versuch, nicht den Sozialismus in der Philosophie gesellschaftsfähig zu machen, sondern die Erfolglosigkeit solcher Entschärfungsstrategien zu beweisen. Meine These lautet, daß das kein marginales, sondern das zentrale Motiv dessen ist, was an Adornos *Kritischer Theorie* rational als zukunftsträchtig zu rekonstruieren wäre. Adorno berief sich auf Nietzsche. Mit Nietzsche denken hieße aphoristisch denken, aber die Pedanterie heutiger Nietzsche-Exegesen macht alles wieder rückgängig, was ihr Muster schon an gnomischer Stringenz erreicht hatte. Ist der Aphorismus eine literarische Form, die eine genuine Affinität zu philosophischen Gedanken hat, oder eine spezifisch philosophische Form, die sich bevorzugt literarischer Mittel bedient?

Die Frage wurde nie entschieden und entspricht einer beunruhigenden Zwitterstellung. Aphorismen, Essays und Fragmente sind den Berufsphilosophen zu literarisch und den Schriftstellern zu philosophisch. Von Hippokrates bis Bacon sprengte der objektivistische Forschungsaphorismus die scholastisch erstarrten Zwangssysteme seiner Zeit. Das fragwürdige aphoristische Subjekt verdächtigte von Larochefoucauld bis Chamfort die konstruktivistischen Gesellschaftssysteme seiner Zeit und von Novalis bis Nietzsche die Zwangssysteme des objektiven Zeitgeistes. Adorno schließlich bot seine individuelle Subjektivität auf, den Vorrang des individuellen Objekts vor der sozialen Allgemeinheit wie vor allgemeingültigen Systemen zu erweisen. Aphorismen und Essays sind eine so große philosophische Herausforderung, daß Hegel eine Philosophie entwickelte, um sie zu bändigen, und Adorno eine Philosophie, um sie zu rehabilitieren. Aphorismen zeigen, daß Methoden, die sich durchsetzen, sich vor ihrem eigenen Anspruch blamieren und ihren Objekten nicht gerecht werden können, ohne sie zu vergewaltigen. Der Widerspruch von Idee und Erscheinung erscheint plötzlich selber. »Das eigentliche Feld für das Genie ist das der Einbildungskraft; weil diese schöpferisch ist, und weniger, als andere Vermögen, unter dem Zwange der Regeln steht, dadurch aber der Originalität desto fähiger ist.« (Kant: »Anthropologie in pragmatischer Hinsicht«, Frankfurt 1982, S. 544) Das hieß bei Fichte Vernunft. Logischer Schluß: Jeder Aphorismus und Aphorismenband vereint Ausgeschlossenes und befreit Eingeschlossenes.

Menschenspringfluten in den Hütten
sind Menschensintfluten gegen Paläste.

Ist Realitätsgefühl ein Gleichgewicht von Halluzinationen und Deshalluzinationen?

+ + +

Gütig ist, wer nicht immer Gutes tut und das Beste will.

Weltbildhübsche Frau Welt, das Spiel ist aus, der Kopf am Zug!

Wer im Leben zu schwach ist, kann in der Liebe nicht mehr schwach werden.

Was schon vorbei ist, ist noch da, und was schon da ist, kommt noch, c´est la vie.

Voller Unerfülltheit. Ist es besser, etwas weniger schlecht als immer besser zu werden?

Tu Unwichtiges, das alle tun, und das Wichtige, das nur du gegen alle tust, mit derselben gelassenen Sturheit.

Mein Wort will keine Leser verletzen, sondern nur ihr dickes Fell zeigen.

Philosophische Grundbibliothek

Chuang-tsi: „Das wahre Buch vom südlichen Blütenland"

L. Annaeus Seneca : „Briefe an Lucilius"

Michel de Montaigne : „Essais"

Imm. Kant : „Grundlegung zur Metaphysik der Sitten"

S. Maimon : „Versuch einer neuen Logik ... " (1794)

G. Fr. Hegel : „Phänomenologie des Geistes" / „Ästhetik"

Arthur Schopenhauer : „Aphorismen zur Lebensweisheit"

Friedrich Nietzsche : „Menschliches, Allzumenschliches"

Nicolai Hartmann : „Das Problem des geistigen Seins"

Hedwig Conrad-Martius : „Der Selbstaufbau der Natur"

Th. Adorno : „Minima moralia" / „Negative Dialektik"

Jean-Paul Sartre : „Der Idiot der Familie"

Hermann Schmitz : „Der unerschöpfliche Gegenstand" / „Der Weg der europäischen Philosophie"

I.M. Bochenski / A. Menne: „Grundriss der Logistik"

Hans Blumenberg : „Wirklichkeiten, in denen wir leben", „Die Vollzähligkeit der Sterne"

Weiterführendes vom Autor

„Martin Heidegger – Versuch einer Psychoanalyse seines *Seyns*" (Essen 1993)

„Aphorismen zur Binsenweisheit von morgen" (Essen 1995)

„Am schnellsten vermehrt sich die Unfruchtbarkeit – *Essays zur Multi-Kulturlosigkeit*" (Oberhausen 1998)

„Objektivität durch Subjektivität oder umgekehrt? – *Phänomenologischer Entwurf einer dekonstruierten Erkenntnistheorie*" (Hamburg 1999)

„Künste und Wissenschaften als verlorene Paradiese – *Essays zur Bedeutung der Kultur-Idyllen*" (Norderstedt 2000)

„Philosophische Formelsammlung – *Ambivalente Gedankenexperimente und nachsokratische Fragmente*" (Würzburg 2012)

„Gedankenlesen: Hirnforschung ohne Computertomographen – *Philosophie zwischen Wissenschaft, Kunst und Religion*", Deutscher Wissenschafts-Verlag (Baden-Baden 2013)

„Die Liebhaber der Sophie – *Philosophiegeschichte in Philosophengeschichten*" (Norderstedt 2014)

„Ist *philosophical correctness* eine Kommunikationswissenschaft? – *Versuch über moderne Versuchungen*"
(Norderstedt 2014)

„Aphorismen zur Zeitaltersweisheit –
Kopfverdreher, Kopfzerbrecher" (Norderstedt 2014)

„Zur Tiefenpsychologie der Philosophiegeschichte –
Kurze Geschichte der unbewussten Weltanschauungen",
3. überarbeitete und erweiterte Auflage
(Norderstedt 2015)

„Quanten, Quarks und Strings im Kopf –
Eintausend neue Aphorismen" (Norderstedt 2015)

„Die längste Leine trägt die Freiheit –
Faule Zaubersprüche" (Norderstedt 2015)

„Die meisten Aufrechten sind unter Gefallenen –
Dumme Sprüche und alte Spiele", (Norderstedt 2015)

„Zur Dialektik und Phänomenologie
der Natur- und Kulturidyllen"
(Philosophische Untersuchungen)
Norderstedt 2015